Clive Staples Lewis

Die vier Arten der Liebe

www.fontis-verlag.com

«Dass unsre Liebe uns nicht töte
noch ersterbe.»

John Donne

C. S. Lewis

Die vier Arten der Liebe

fontis

Bibliografische Information der Deutschen Nationalbibliothek
Die Deutsche Nationalbibliothek verzeichnet diese Publikation in der Deutschen Nationalbibliografie; detaillierte bibliografische Daten sind im Internet über www.dnb.de abrufbar.

Der Fontis-Verlag wird von 2021 bis 2026
vom Schweizer Bundesamt für Kultur unterstützt.

Fontis AG
Steinentorstr. 23
4051 Basel
Schweiz
info@fontis.ch

Verantwortlich in der EU:
Fontis Media GmbH
Baukloh 1
58515 Lüdenscheid
Deutschland
fontis@fontis-media.de

Titel der englischen Originalausgabe:
«The Four Loves: Affection – Friendship – Eros – Charity»

14. Taschenbuchauflage insgesamt (und 3. Taschenbuchauflage
mit verändertem Titel und überarbeitetem Text) 2026

Übersetzung: Dorothee Degen-Zimmermann
Umschlag: SpoonDesign, Olaf Johannson, Langgöns
Fotos Umschlag: Lewis-Fotos U4 © by Marion E.Wade Center;
Lewis-Foto Klappe © by Arthur Strong, 1947; Früchte-Bilder auf Cover
und Klappen © by Oxyzay, Irina Mosina/Shutterstock.com
Satz: InnoSet AG, Justin Messmer, Basel
Druck: Finidr
Gedruckt in der Tschechischen Republik

ISBN 978-3-03848-209-3

Inhalt

Vorwort

von Johannes Hartl

Das Wort «Liebe» …

ist das am meisten missbrauchte und missverstandene Wort der Gegenwart. Was ein Mensch darunter versteht, offenbart, nach welchen Werten er oder sie lebt. «Schibbolet» nennt man nach einer biblischen Erzählung (Richter 12,5–6) ein Wort, an dessen Aussprache man erkennt, mit wem man es zu tun hat. Jede Generation hat mehrere solcher Wörter. Das Problem an der Sprache ist, dass wir sie gebrauchen, bevor wir über sie nachdenken können. Wie sich der Fisch im Wasser nicht nass fühlt, nehmen wir die Begriffswelt kaum wahr, in der wir schwimmen.

Doch Worte, und was sie bedeuten, prägen unsere Weltsicht zutiefst. Wäre es uns auf wundersame Weise möglich, in die Zeit des Ersten Weltkriegs zu reisen, klänge die Art und Weise in unseren Ohren sicher höchst befremdlich, wie über «Ehre» und «Stolz» des Heimatlandes gesprochen wurde. Dass die Ehre eines Staates oder der Stolz auf eine bestimmte Herkunft der Anlass sein sollte, andere Menschen mit Maschinengewehren zu erschießen, kommt uns mit gutem Recht heute in schockierendem Maße falsch vor. Doch jeder Epoche erscheint das plausibel, was gerade tagesaktuell üblich ist. In diesem Buch haben wir es mit einem bedeutend positiveren Wort zu tun, doch einem, das wie kaum ein anderes prägt, wie wir heute denken und empfinden.

Als C. S. Lewis seinen Text über die vier Arten der Liebe schrieb, lebte J. F. Kennedy noch, hießen die Beatles noch nicht «Beatles» und war Ehescheidung in den USA bis auf wenige Ausnahmen verboten. Wenige Jahre später sangen die Beatles «All You Need is Love», Kennedy war ermordet (er starb am selben Tag wie C. S. Lewis), und der «Summer of Love» spülte die sexuelle Revolution über alle westlichen Länder. Die Art und Weise, wie wir über die Liebe denken, hat sich seither fundamental verändert.

Weshalb also einen Text lesen, der nicht nur über sechzig Jahre alt ist, sondern auch aus der Feder eines Mannes stammt, der schon zu seinen Lebzeiten aus der Zeit gefallen schien?

Zum Zeitpunkt der Abfassung ist Lewis Lehrstuhlinhaber für Englische Literatur des Mittelalters und der Renaissance in Cambridge und nach Jahrzehnten als Junggeselle erst seit kurzem verheiratet. Joy Davidman ist die späte Liebe seines Lebens. Doch bereits die Hochzeit ist von einem schweren Krebsleiden überschattet, an dem Joy noch im Jahre 1960 sterben wird. Im selben Jahr erscheint das vorliegende Buch.

Wer zu «Die vier Arten der Liebe» greift, sei doppelt vorgewarnt: Selten hat ein Buch über die Liebe so wenig romantisch geklungen. Tatsächlich ist eine der wichtigsten Aussagen des Textes, dass die Liebe etwas bedeutend Geheimnisvolleres und Ernsteres ist als das, was wir heute darunter verstehen. Ein besonderer Liebhaber der Romantik ist Lewis ohnehin nicht. Zwar fehlte ihm der Sinn für das Poetische keineswegs. Im Gegenteil: Viel berühmter als seine philosophischen und geistlichen Werke sind seine zeitlosen «Narnia-Chroniken» mit ihrer Bildgewalt und mitreißenden Handlung.

Gegen die Romantik als Epoche aber hegte Lewis Vorbehalte. Als Literaturwissenschaftler bestand die These seiner Antrittsvorlesung in Cambridge in dem Nachweis, dass die Romantik einen Abschied von einer Weltordnung darstellt, die die Menschheit vorher seit Jahrtausenden gehalten habe. Nun aber werden das Individuum und seine Empfindungen zum Maß aller Dinge. Was nach Lewis in der Romantik beginnt, ist heute zur alles dominierenden Sichtweise geworden: Freiheit bedeutet eben, sich entsprechend seiner eigenen Gefühle zu verhalten, sich auszuleben. Es ist genau dieser Grundgedanke, dem Lewis wieder und wieder das Messer auf die Brust setzt. Nein, in der erotischen Liebe sucht ein Mensch eben gerade nicht nur seine Lust, sondern er sucht die Person, die er liebt. Liebe hört erst auf, dämonisch zu sein, wenn sie nicht das Höchste und Göttlichste wird, sondern der Mensch etwas Höchstes und Göttliches anerkennt: Dies ist die vielleicht markanteste Kernthese des Buches.

Eine zweite Warnung: Lewis ist entsetzlich altmodisch. Wenn er das Gespräch unter Freunden am Kaminfeuer mit einem Glas Bier als das größte Glück bezeichnet, zu dem der Mensch fähig sei, und über Technik und Industrialisierung praktisch nie ein positives Wort findet, mag man ihm das noch verzeihen. Seine Rollenvorstellungen von Mann und Frau jedoch klingen endgültig anachronistisch in unseren Ohren. Vielleicht hätte er anders geschrieben, wenn er ein paar Jahre länger verheiratet gewesen wäre. Doch fest steht: Auch durch die schwer verdaulichen Brocken hindurch bleibt «Die vier Arten der Liebe» – wie einfach alles von Lewis – ein großartiger Text.

Was macht einen Klassiker aus? Mir scheint: seine Zeitlosigkeit. Wer die «Bekenntnisse» des Augustinus oder «Die Leiden des jungen Werthers» liest, könnte vergessen, dass über 1300 Jahre zwischen den beiden Texten liegen. Sie vermögen uns heute noch immer zu berühren, weil eine zutiefst menschliche Stimme darin spricht.

Wer Lewis liest, findet nie Banales. Seine Gedanken sind nicht selten spitz, doch immer ausgewogen, durchdacht und voller Lebensweisheit. Es sind Sätze wie diese, die Lewis zum Klassiker machen und zum Lieblingsschriftsteller unzähliger

Menschen: «Lieben heißt verletzlich sein. Liebe irgendetwas, und es wird dir bestimmt zu Herzen gehen oder gar das Herz brechen.» Oder: «Der menschliche Geist ist im Allgemeinen viel schneller bereit, Lob und Tadel auszuteilen, als zu beobachten und zu beschreiben. Er will aus jeder Unterscheidung ein Werturteil machen.» Es sind in Worte gegossene Erkenntnisse, die vor tausend Jahren nicht weniger Gültigkeit hatten als heute. Und deshalb kann man Lewis nicht nur verzeihen, wenn er wie aus der Zeit gefallen klingt, sondern man kann gerade das an ihm schätzen.

«Lebe mit dem Jahrhundert, aber sei nicht sein Geschöpf», soll Schiller gesagt haben. Vielleicht ist gerade das der Grund, warum man Lewis lesen sollte, obwohl und gerade weil er oft so anders klingt als das, woran wir uns gewöhnt haben. Denn was er über Liebe schreibt, klingt nicht nach dem 21. Jahrhundert, nicht einmal nach dem 20. Jahrhundert. Es klingt nach uralter Menschenweisheit, die von Freundschaft und Verrat, von Treue und Hingabe, von Lüge und Anpassung zur Zeit Homers schon genauso wusste wie wir heute, vielleicht sogar besser.

Alles von Lewis ist lesenswert. Wenige seiner Texte sind heute so provokativ und zugleich so nützlich wie der vorliegende.

Für mehr Liebe – und weniger von ihren billigen Kopien!

Einleitung

«Gott ist Liebe»,

sagt der Apostel Johannes. Als ich mit dem Entwurf für dieses Buch begann, glaubte ich, dieser Leitsatz werde mich auf einem sicheren, geraden Weg durch das ganze Thema führen. Ich dachte, menschliche Liebe verdiene den Namen «Liebe» überhaupt nur, sofern sie der Liebe, die Gott ist, ähnlich sei. Ich nahm deshalb eine erste Unterscheidung zwischen «schenkender» und «bedürftiger» Liebe vor. Das typische Beispiel schenkender Liebe wäre die Liebe eines Mannes, der für das künftige Wohl seiner Familie arbeitet, plant und spart, obwohl er sterben wird und selbst nichts mehr davon hat. Ein Beispiel für die zweite Art wäre die Liebe eines einsamen oder erschrockenen Kindes, die es in die Arme seiner Mutter treibt.

Kein Zweifel, welche von beiden der «Liebe in Person» näherkommt. Göttliche Liebe ist schenkende Liebe. Der Vater schenkt alles, was er ist und hat, dem Sohn. Der Sohn schenkt sich dem Vater zurück, schenkt sich der Welt und für die Welt dem Vater, und so schenkt er auch die Welt (in sich selbst) dem Vater zurück.

Und was die bedürftige Liebe betrifft – gibt es etwas, das weniger zu unserer Vorstellung von Gott passt? Gott mangelt nichts; unsere bedürftige Liebe hingegen ist, wie Plato sagt, «die Tochter der Armut». Die bedürftige Liebe ist das genaue Spiegelbild der menschlichen Natur; in ihr wird uns unsere Bedürftigkeit bewusst. Wir kommen hilflos zur Welt. Kaum ist unser Bewusstsein erwacht, entdecken wir die Einsamkeit. Wir sind auf andere angewiesen, körperlich, seelisch, geistig.

Wir brauchen sie, um lernen zu können, sogar, um uns selbst kennenlernen zu können.

Ich freute mich darauf, ein paar simple, einleuchtende Lobsprüche auf die erste Art der Liebe zu schreiben und die zweite als minderwertig abzutun. Und vieles von dem, was ich sagen wollte, scheint mir noch immer richtig: Wir befinden uns in einem sehr beklagenswerten Zustand, wenn wir mit «Liebe» nichts anderes meinen als die Sehnsucht, geliebt zu werden. Doch wage ich es jetzt nicht mehr, mit meinem Lehrer George MacDonald zu behaupten, dass wir diese Sehnsucht zu Unrecht «Liebe» nennen. Ich kann der bedürftigen Liebe den Namen «Liebe» nicht mehr absprechen. Jedes Mal, wenn ich das Thema von dieser Seite her anpacken wollte, verwickelte ich mich in Rätsel und Widersprüche. Die Wirklichkeit ist komplizierter, als ich angenommen hatte.

Erstens einmal tun wir den meisten Sprachen (auch der unseren) Gewalt an, wenn wir die bedürftige Liebe nicht «Liebe» nennen. Selbstverständlich ist die Sprache keine unfehlbare Richtschnur; aber sie enthält doch bei all ihren Mängeln einen beträchtlichen Schatz an Einsichten und Erfahrungen. Nimmt man sie nicht ernst, so weiß sie sich später zu rächen. Humpty Dumpty,[1] der die Wörter nach eigenem Gutdünken mit Bedeutung füllte, sollten wir uns nicht zum Vorbild nehmen.

Zweitens müssen wir uns hüten, bedürftige Liebe «nur Selbstsucht» zu nennen. «Nur» ist immer ein gefährliches Wort. Ohne Zweifel kann man der bedürftigen Liebe, wie all unseren Trieben, selbstsüchtig freien Lauf lassen. Ein tyrannisierendes und gieriges Fordern von Zuneigung kann grauenhaft sein. Aber niemand bezichtigt normalerweise ein Kind des Egoismus, weil es bei seiner Mutter Trost sucht, oder nennt jemanden, der sich von seinen Kameraden «Gesellschaft» erhofft, egoistisch. Kinder und Erwachsene, die so handeln, sind jedenfalls meist nicht am egoistischsten. Wer bedürftige Liebe empfindet, mag Gründe haben, ihr zu entsagen oder sie völlig zu unterdrücken; sie überhaupt nicht zu empfinden, ist im Allgemeinen das Merkmal des kalten Egoisten. Wir haben einander tatsächlich nötig («Es ist nicht gut, dass der Mensch allein sei»). Wenn diese Bedürftigkeit nicht als bedürftige Liebe in Erscheinung tritt – mit anderen Worten, wenn wir in der Illusion leben, es sei gut für uns, allein zu sein –, ist dies ein schlechtes geistliches Symptom, genauso wie Appetitlosigkeit ein schlechtes medizinisches Symptom ist, weil wir Nahrung wirklich brauchen.

Wir kommen zu einem dritten, weit wichtigeren Punkt: Jeder Christ wird bestätigen, dass die geistliche Gesundheit eines Menschen direkt abhängig ist von seiner Liebe zu Gott. Aber die Liebe des Menschen zu Gott ist ihrem Wesen nach größtenteils und oft ausschließlich bedürftige Liebe. Das ist offensichtlich, wenn wir um Vergebung unserer Sünden oder um Beistand in unseren Nöten bitten. Noch deutlicher wird es auf lange Sicht in unserem – hoffentlich – wachsenden Bewusstsein, dass unser ganzes Wesen von Natur aus eine einzige große Bedürftigkeit ist: unvollständig, vorläufig, leer und doch vollgestopft, ein einziger Notschrei zu dem, der die verwirrten Fäden lösen kann und wieder ordnet, was uns entglitten ist.

Ich will nicht behaupten, der Mensch könne Gott überhaupt nur bedürftige Liebe entgegenbringen. Erhabene Seelen wissen vielleicht von Schritten darüber hinaus zu berichten. Aber sie wären wohl auch die Ersten, die uns vor der Gefahr solcher Höhenflüge warnen würden: Sie hören auf, wahre Gnade zu sein, und werden zur neoplatonischen oder gar teuflischen Illusion, wenn ein Mensch meint, er könne in diesen Höhen leben und habe nichts mehr nötig. «Das Höchste steht nicht ohne das Niedrigste», sagt Thomas von Kempen in seinem berühmten Buch «Nachfolge Christi».[2] Nur ein dummdreistes Geschöpf könnte sich vor seinen

Schöpfer hinstellen mit den prahlerischen Worten: «Ich bin kein Bettler. Ich liebe dich selbstlos.» Wer der schenkenden Liebe Gottes am nächsten kommt, wird sich im nächsten Augenblick oder gar im selben Moment wie der Zöllner an die Brust schlagen und dem einzigen wahren Geber seine Armseligkeit bekennen. Und so will es Gott haben. Er wendet sich an unsere bedürftige Liebe: «Kommt her zu mir alle, die ihr mühselig und beladen seid», oder im Alten Testament: «Tue deinen Mund weit auf, so will ich ihn füllen.»

Eine Form der bedürftigen Liebe – die größte von allen – ist also identisch mit dem höchsten, gesündesten, realistischsten Zustand, den ein Mensch, geistlich gesehen, erreichen kann; das heißt, die bedürftige Liebe ist zumindest ein Hauptfaktor dieses Zustandes. Daraus ergibt sich eine sehr seltsame Folgerung: Der Mensch kommt Gott am nächsten, wenn er Gott in einem gewissen Sinn am wenigsten gleicht. Denn was hat weniger gemeinsam als Fülle und Not, Herrschaft und Demut, Gerechtigkeit und Buße, schrankenlose Macht und ein Hilferuf? Dieser scheinbare Widerspruch verblüffte mich, als ich zum ersten Mal darauf stieß. Er brachte all meine früheren Versuche, über Liebe zu schreiben, zum Scheitern. Genau besehen ergeben sich daraus etwa folgende Konsequenzen:

Wir müssen zwei Dinge unterscheiden, die man beide als «Gottesnähe» bezeichnen könnte. Das eine ist «Gott-Ähnlichkeit». Gott hat wohl allen seinen Werken irgendeine Art von Ähnlichkeit mit sich selbst eingeprägt. Raum und Zeit spiegeln auf ihre Weise seine Größe; alles Lebendige ist Ausdruck seiner fruchtbaren Schöpferkraft, die Tierwelt Abbild seiner Regsamkeit. Der Mensch gleicht ihm auf bedeutendere Weise, weil er ein vernunftbegabtes Wesen ist. Von den Engeln glauben wir, dass sie Ähnlichkeiten zu Gott besitzen, die uns Menschen abgehen: Unsterblichkeit und intuitive Erkenntnis. So gesehen sind alle Menschen, die guten und die bösen, und alle Engel, die gefallenen eingeschlossen, Gott ähnlicher als die Tiere. Ihre Art ist der göttlichen Art «näher».

Zweitens gibt es eine Nähe, die wir «Annäherung» oder «Nähe im Suchen» nennen könnten. So gesehen ist ein Mensch Gott dann am «nächsten», wenn er am sichersten und ohne Umwege auf seine endgültige Vereinigung mit Gott, auf die Gottesfreude und aufs Schauen Gottes zugeht.

Sobald wir zwischen «Nähe der Ähnlichkeit» und «Nähe im Suchen» unterscheiden, sehen wir, dass sich beide nicht notwendigerweise decken müssen. Vielleicht tun sie's – vielleicht auch nicht. Ein Vergleich mag helfen. Nehmen wir an, wir wandern über einen Berg in unser Heimatdorf. Am Mittag erreichen wir den Gipfel eines Felsens, auf dem wir dem Dorf räumlich sehr nahe sind, denn es liegt genau unter uns. Wir könnten es mit einem Steinwurf erreichen. Doch da wir keine geübten Kletterer sind, können wir nicht geradewegs hinuntersteigen. Wir müssen einen weiten Bogen, vielleicht einen Umweg von mehreren Kilometern, auf uns nehmen. An manchen Punkten dieses Umwegs sind wir weiter von unserem Dorf entfernt als oben auf dem Felsen. Aber nur der Luftlinie nach. Was die Wanderzeit angeht, sind wir dem warmen Bad und dem Abendbrot viel «näher» gekommen.

Gott ist glückselig, allmächtig, souverän, schöpferisch; in einem gewissen Sinne bilden deshalb Glück, Kraft, Freiheit und Fruchtbarkeit (des Geistes oder des Leibes), wo immer sie in einem Menschenleben vorkommen, eine Ähnlichkeit und damit eine Nähe zu Gott. Aber niemand glaubt, dass der Besitz dieser Gaben automatisch einen Einfluss auf unsere Heiligung hätte. Keinerlei Reichtum ist ein Freipass zum Himmelreich.

Am Rande der Felswand sind wir dem Dorf zwar nahe; aber wir können dort sitzen, solange wir wollen, damit kommen wir dem Abendbrot und dem Bad nicht näher. So ist auch die

Ähnlichkeit mit Gott, und in diesem Sinne die Nähe zu Gott, welche er manchen Geschöpfen in manchen Phasen gegeben hat, etwas Abgeschlossenes, etwas «Eingebautes». Was ihm nahe ist, weil es ihm gleicht, wird ihm durch diese Ähnlichkeit allein nie näherkommen. Annäherung, Nähe im Suchen dagegen ist schon vom Begriff her gesehen wachsende Nähe. Die Ähnlichkeit ist uns gegeben – ob wir sie mit oder ohne Dank empfangen, ob wir sie gebrauchen oder missbrauchen; das Suchen hingegen, auch wenn es von der Gnade geweckt und gefördert wird, müssen wir selbst tun. Geschöpfe sind auf vielerlei Weise Abbilder Gottes – ohne eigenes Dazutun, ja sogar ohne dass sie gefragt wurden. Aber dadurch werden sie nicht automatisch Kinder Gottes. Und die Ähnlichkeit, die sie durch die Gotteskindschaft erhalten, ist nicht die von Kopien oder Porträts. Sie ist in gewissem Sinne mehr als Ähnlichkeit: Übereinstimmung oder Willenseinklang mit Gott. Das ist kein Widerspruch zu unseren bisherigen Überlegungen, im Gegenteil. Daher muss, wie ein besserer Schriftsteller als ich gesagt hat, unsere Nachahmung Gottes in diesem Leben (gemeint ist unsere willentliche Nachahmung, im Unterschied zu allen Ähnlichkeiten, die er unserem Wesen oder Zustand eingeprägt hat) eine Nachahmung des menschgewordenen Gottes sein: Unser Vorbild ist Jesus, nicht nur auf Golgatha, sondern auch in der Werkstatt, auf der Landstraße, in der Menschenmenge, unter lauthalsen Forderungen, in harter Opposition, im Mangel an Ruhe und Privatsphäre, in dauernden Unterbrechungen. Dies alles gleicht zwar unseren Vorstellungen von göttlichem Leben sehr wenig; aber es ist ihm nicht nur ähnlich, es *ist* göttliches Leben unter menschlichen Bedingungen.

Ich muss jetzt erklären, warum ich diese Unterscheidung für jede Betrachtung über das Thema «Liebe» nötig finde. Ich habe dem Wort des Johannes – «Gott ist Liebe» – immer den Gedanken eines modernen Schriftstellers (Denis de Rougemont[3]) gegenübergestellt: «Die Liebe hört erst auf, ein Dämon zu sein, wenn sie aufhört, ein Gott zu sein.» Diesen Satz kann man auch umdrehen: «Die Liebe wird ein Dämon, wenn sie ein Gott wird.» Das Gleichgewicht dieser beiden Aussagen scheint mir eine unerlässliche Vorsichtsmaßnahme. Wenn wir sie außer Acht lassen, kann sich die Wahrheit, dass Gott die Liebe ist, unmerklich ins Gegenteil verdrehen: dass die Liebe Gott sei.

Ich glaube, jeder, der über die Sache nachgedacht hat, versteht, was Denis de Rougemont meint. Jede menschliche Liebe hat in ihren besten Augenblicken eine Tendenz, göttliche Autorität für sich zu beanspruchen. Ihre Stimme klingt, als wäre sie der Wille Gottes selbst. Sie sagt uns, dass für die Liebe kein Preis zu hoch sei. Sie verlangt völlige Hingabe; sie versucht, sich über alle anderen Ansprüche hinwegzusetzen, und flüstert uns ein, dass alles, was «um der Liebe willen» getan wird, darum auch schon legal und sogar gut sei. Dass erotische Liebe und Vaterlandsliebe auf diese Weise zu «Göttern» werden können, ist allgemein bekannt. Aber mit familiären Beziehungen kann dasselbe geschehen, und auf ihre Weise auch mit der Freundschaft. Ich führe das hier nicht weiter aus, denn wir werden in späteren Kapiteln wieder darauf zurückkommen.

Dabei muss man wohl beachten, dass die natürliche Liebe diesen blasphemischen Anspruch nicht unter ihren schlechtesten natürlichen Bedingungen erhebt, sondern unter den besten: wenn sie ist, was unsere Großväter «rein» und «edel» nannten. Das ist besonders offensichtlich in der erotischen Sphäre. Eine dauerhafte, tiefe, aufopfernde Leidenschaft spricht mit einer Stimme, die uns göttlich scheint. Animalische oder frivole Lust tut das nicht. Sie schadet zwar ihren Opfern auf mancherlei Weise, aber nicht auf diese; man mag solchen Trieben nachgeben, aber verehren kann man sie nicht, so wenig wie man das Jucken verehrt, wenn man sich kratzt. Die vorübergehende Affenliebe einer törichten Frau für ihr verwöhntes Kind – im Grunde ist es Selbstliebe: Das Kind ist ihre lebende Puppe – wird kaum zum «Gott». Bei der Hingabe einer Frau, die buchstäblich und ausschließlich «für ihren Sohn» lebt, liegt diese Gefahr viel näher. Und ich vermute, dass jene Art von Vaterlandsliebe, die bei Bier und Blechmusik gedeiht, keinen Mann dazu verleiten wird, um ihretwillen viel Schaden (oder Gutes) anzurichten. Wahrscheinlich wird sie ausreichend befriedigt, wenn er noch ein Glas Bier bestellt und in den Chor einstimmt.

Und genau das haben wir zu erwarten. Natürliche Liebe erhebt den Anspruch auf Göttlichkeit erst, wenn dieser Anspruch glaubhaft klingt. Er klingt aber erst glaubhaft, wenn unsere Liebe wirklich eine Ähnlichkeit mit Gott, der Liebe in Person, aufweist. Hier wollen wir uns nicht täuschen lassen. Unsere schenkende Liebe ist wirklich gottähnlich; und sie ist Gott umso ähnlicher, je grenzenloser und unermüdlicher sie schenkt. Alles, was die Dichter von ihr sagen, ist wahr. Ihre Freude, ihre Kraft, ihre Geduld, ihre Bereitschaft zu verzeihen, ihr Verlangen nach dem Wohl des geliebten Menschen – all das ist echtes und fast verehrungswürdiges Abbild des göttlichen Liebens. Mit Recht danken wir Gott dafür, «der solche Macht den Menschen gegeben hat». Es stimmt, dass die großen Liebenden Gott «nahe» sind. Aber es ist selbstverständlich die «Nähe der Ähnlichkeit». Sie wird nicht von allein zur «Nähe im Suchen». Die Ähnlichkeit wird uns geschenkt. Sie steht in keinem notwendigen Zusammenhang mit dem langsamen und mühevollen Prozess des Suchens, der unsere eigene Aufgabe ist (wenn auch nicht ohne Hilfe).

Doch schon die Ähnlichkeit hat ihren Glanz. Daher geschieht es auch, dass wir «ähnlich» mit «gleich» verwechseln. Dann folgen wir einer menschlichen Liebe mit jener bedingungslosen Treue, die wir nur Gott schulden. Und so wird sie zum Gott – und zum Dämon. So zerstört sie uns – und auch sich selbst. Denn wenn natürliche Liebe zum Gott wird, bleibt sie nicht Liebe. Man nennt sie zwar noch so, aber genau genommen ist sie eher eine komplizierte Form von Hass.

Bedürftige Liebe kann zwar gierig und fordernd sein, aber sie spielt sich nicht als Gott auf. Sie ist Gott nicht nahe genug (durch Ähnlichkeit), um dieser Idee zu verfallen.

Aus dem Gesagten folgt, dass wir uns weder denen anschließen dürfen, die menschliche Liebe vergöttern, noch jenen, die sie «entlarven». Vergötterung der erotischen Liebe und auch des «trauten Heims» war der große Irrtum der Literatur des 19. Jahrhunderts. Browning, Kingsley und Patmore[4] reden manchmal so, als wäre sich zu verlieben das Gleiche wie Heiligung. Die Romanschreiber stellen der «Welt» gewöhnlich nicht das Reich Gottes gegenüber, sondern das Heim.

Wir leben heute in einer Reaktion auf diese Einstellung. Die Entlarver brandmarken vieles als Schmalz und Kitsch, was ihre Väter als hohe Liebe priesen. Sie können es nicht lassen, die schmutzigen Wurzeln unserer natürlichen Liebe ans Licht zu zerren und zur Schau zu stellen. Aber wir sollten weder auf «den überweisen» noch auf den «überdummen dieser Riesen»[5] hören. Das Höchste steht nicht ohne das Niedrigste. Eine Pflanze braucht unten die Wurzeln und oben den Sonnenschein, und Wurzeln sind nun einmal schmutzig. Viel von dem Schmutz ist saubere Erde, wenn man sie nur im Garten lässt und nicht ständig auf den Schreibtisch streut. Menschliche Liebe kann ein leuchtendes Bild der göttlichen sein. Nicht weniger – aber auch nicht mehr: Nähe der Ähnlichkeit, die die Nähe im Suchen einmal unterstützen, einmal hindern kann. Und manchmal hat sie damit weder im einen noch im anderen Sinne viel zu tun.

I.

Vor-Liebe

Wir wurden als Kinder noch zurechtgewiesen,

wenn wir sagten, wir «liebten» (*«loved»*) Erdbeeren, und manche Leute sind heute noch stolz darauf, dass das Englische die zwei Wörter *love* und *like* (übersetzt: «lieben» und «mögen, gern haben») kennt, während das Französische mit dem einen Wort *aimer* für beides auskommen muss. Aber das Französische hat eine ganze Anzahl Sprachen auf seiner Seite, sogar sehr oft den heutigen Sprachgebrauch im Englischen. Fast jeder, auch der Pedantische oder Fromme, sagt irgendeinmal am Tag, dass er ein Gericht, ein Spiel oder irgendeine Beschäftigung «liebt».

Und tatsächlich haben unsere elementaren Vorlieben für Dinge und unsere Liebe zu den Menschen etwas gemeinsam. «Das Höchste steht nicht ohne das Niedrigste» – darum tun wir gut daran, unten zu beginnen, bei den bloßen Neigungen; und da «eine Vorliebe haben für etwas» mit irgendeiner Art von Lust verbunden ist, müssen wir mit der Lust beginnen.

Dass man zwei Arten von Lust unterscheiden kann, ist eine sehr alte Entdeckung: jene, die erst dadurch zur Lust wird, dass ihr ein Verlangen vorausgeht, und jene, die in sich selbst Lust ist und keiner solchen Vorbereitung bedarf. Ein Beispiel für die erste Art wäre ein Schluck Wasser. Man genießt ihn, wenn man Durst hat, man genießt ihn sehr, wenn man großen Durst hat. Aber wahrscheinlich wird sich niemand auf der Welt ein Glas Wasser einschenken und einfach so zum Vergnügen austrinken, außer wenn er dem Durst oder der Verordnung des Arztes gehorcht. Ein Beispiel für die zweite Art wäre etwa die ungesuchte und unerwartete Freude über einen Geruch – der Duft eines Bohnenfeldes oder eines Wickenbeetes, der dir auf deinem Morgenspaziergang unvermutet entgegenschlägt. Dir fehlte nichts vorher, du warst wunschlos zufrieden. Diese Lust, die sehr groß sein kann, ist ein Geschenk, das du nicht gesucht hast, eine unverhoffte Zugabe.

Um der Klarheit willen habe ich sehr einfache Beispiele gewählt. Natürlich ist das Leben komplizierter. Wenn man dir Kaffee oder Bier anbietet, wo du nur Wasser erwartet hast (und mit Wasser zufrieden gewesen wärst), erlebst du gleichzeitig eine Lust der ersten Art (Stillung des Durstes) und der zweiten Art (angenehmer Geschmack). Eine Sucht aber kann eine Lust der zweiten Art in eine der ersten Art verwandeln. Für einen maßvollen Menschen bedeutet ein gelegentliches Glas Wein ein kleines Fest – wie der Duft des Bohnenfeldes. Dem Trinker aber, dessen Geschmackssinn und Leber längst verdorben sind, bedeutet jedes alkoholische Getränk keine andere Lust als die Stillung eines unerträglichen Verlangens. Wenn er den Geschmack überhaupt noch wahrnimmt, ist ihm dieser eher zuwider; aber das ist immer noch besser als das Elend des Nüchternseins. – Doch der Unterschied zwischen beiden Arten der Lust bleibt durch alle Verwandlungen und Kombinationen hindurch einigermaßen klar. Wir wollen sie «Bedürfnis-Lüste» und «wertschätzende Lüste» nennen.

Die Verwandtschaft zwischen diesen Bedürfnis-Lüsten und der «bedürftigen Liebe» meines ersten Kapitels dürfte jedermann ins Auge springen. Dort aber gestand ich, dass ich der Neigung widerstehen müsse, die bedürftige Liebe herabzumindern oder ihr gar den Namen «Liebe» abzusprechen. Hier aber wird für die meisten Menschen eine entgegengesetzte Tendenz bestehen. Es wäre sehr einfach, sich in Lobreden über die Bedürfnis-Lüste zu ergehen und über die wertschätzenden, genießerischen missbilligend die Stirn zu runzeln. Die einen sind so «natürlich» (ein verführerisches Wort!), so notwendig und gerade dank ihrer Natürlichkeit gegen alle Auswüchse gefeit – die anderen unnötig und wegbereitend für jede Art von Luxus und Laster. Wenn uns bei diesem Thema der Stoff ausginge, bräuchten wir nur zu den Werken der Stoiker zu greifen: Wir würden den Hahn aufdrehen und es würde plätschern, bis das Bad voll wäre.

Aber in dieser Untersuchung wollen wir uns bemühen, nie voreilig eine moralische oder urteilende Haltung einzunehmen. Der menschliche Geist ist im Allgemeinen viel schneller bereit, Lob und Tadel auszuteilen, als zu beobachten und zu beschreiben. Er will aus jeder Unterscheidung ein Werturteil machen. Daher jene fatalen Kritiker, die nie die verschiedenen Eigenschaften zweier Dichter beschreiben können, ohne sie in eine Rangordnung ihrer Vorliebe einzustufen, als wären sie Kandidaten für eine Preisverteilung. Wir wollen nichts Derartiges tun mit den verschiedenen Lüsten. Die Wirklichkeit ist zu kompliziert. Dass wertschätzende Lust zur Bedürfnis-Lust werden kann, wenn sie (durch Sucht) entgleist, sollte uns Warnung genug sein. Für uns jedenfalls liegt die Bedeutung der beiden Arten von Lust darin, dass sie in einem gewissen Maß ein Licht auf die verschiedenen Arten von (zu Recht so genannter) Liebe werfen.

Der Durstige, der gerade ein Glas Wasser geleert hat, sagt etwa: «Donnerwetter, das *hat mir* geschmeckt!» So auch der Trinker, der gerade «einen gekippt» hat. Der Mann, der auf seinem Morgenspaziergang an den Wicken vorbeikommt, sagt eher: «Wie herrlich *sie duften!*» Im gleichen Sinne sagt der Kenner, wenn er einen berühmten Rotwein kostet: «Das *ist* ein hervorragender Tropfen!»

Wo es um Bedürfnis-Lüste geht, machen wir eher Aussagen in der Vergangenheit und über uns selbst; wo es sich um wertschätzende Lüste handelt, äußern wir uns eher in der Gegenwart und über das Objekt der Lust. Der Grund ist einleuchtend.

Shakespeare hat zum Beispiel die Befriedigung tyrannischer Lust so beschrieben:

> «Sinnlos erjagt und gleich nach dem Empfang sinnlos gehasst.»[6]

Aber selbst die unschuldigsten und notwendigsten Bedürfnis-Lüste haben ein wenig davon – nur ein wenig, versteht sich. Sie werden uns zwar nicht verhasst, wenn sie befriedigt sind, aber sie lassen uns sofort völlig kalt. Der Hahn über dem Spülbecken und das Wasserglas sind höchst attraktiv, wenn wir ganz ausgetrocknet vom Rasenmähen hereinkommen; sechs Sekunden später finden wir überhaupt nichts mehr daran. Küchendüfte empfinden wir vor dem Essen ganz anders als nachher. Und – man verzeihe mir, wenn ich das extremste von allen Beispielen erwähne – haben nicht die meisten von uns schon erlebt (etwa in einer Stadt), dass der Anblick des Wortes «Toilette» über einer Tür in ihnen Gefühle weckte, die man in Verse gießen müsste?

Wertschätzende Lüste sind ganz anders. Sie geben uns das Gefühl, das Objekt der Lust habe nicht bloß unsere Sinne befriedigt, sondern es verdiene zu Recht auch unsere Wertschätzung. Der Kenner genießt seinen Rotwein nicht auf dieselbe Weise, wie er etwa die Wärme genießt, wenn er kalte Füße hat. Er empfindet, dass dieser Wein seine volle Aufmerksamkeit verdient; das rechtfertigt die lange Tradition und das Fachwissen, das zu seiner Herstellung nötig war, und all die Jahre der Übung, die seinen eigenen Gaumen urteilsfähig gemacht haben. Sogar ein Funke Selbstlosigkeit ist in seiner Haltung zu finden. Er will, dass der Wein sorgfältig gelagert wird und gut erhalten bleibt, und zwar nicht nur um seiner Person willen. Selbst auf seinem Sterbebett, wenn er nie wieder Wein trinken könnte, würde ihn der Gedanke mit Grauen erfüllen, dass der beste Jahrgang verschüttet, verdorben oder auch nur von einem Stümper (wie mir), der einen guten Tropfen nicht von einem schlechten unterscheiden kann, ausgetrunken würde.

So ergeht es auch dem Spaziergänger mit den Wicken. Er genießt sie nicht nur einfach so: Er fühlt, dass dieser Duft es verdient, genossen zu werden. Er würde sich Vorwürfe machen, wenn er achtlos und freudlos daran vorbeiginge. Das wäre stumpf, gefühllos. Es wäre eine Schande, wenn etwas so Feines an ihn verschwendet würde. Er wird sich noch nach Jahren an diesen köstlichen Augenblick erinnern. Es wird ihm leidtun, wenn er erfährt, dass jener Garten Kinos, Garagen und der neuen Umgehungsstraße Platz machen musste.

Wissenschaftlich gesehen, sind freilich beide Arten von Lust abhängig von unserem Organismus. Aber unsere Bedürfnis-Lüste bekunden laut und deutlich ihre Bezogenheit auf die Natur des Menschen, ja sogar auf seine augenblickliche Verfassung; außerhalb dieser Beziehung haben sie für uns überhaupt keine Bedeutung. Die Objekte wertschätzender Lust geben uns das Gefühl – rational oder nicht –, dass wir es ihnen schuldig sind, sie zu kosten, zu beachten, zu rühmen. «Es wäre eine Sünde, Lewis einen solchen Wein vorzusetzen!», sagt der Weinkenner. «Wie kannst du bloß an diesem Garten vorbeigehen, ohne den Duft zu bemerken?», fragen wir. Niemals würden wir wegen einer Bedürfnis-Lust so empfinden, nie uns oder anderen Vorwürfe machen, wenn sie keinen Durst haben und darum an einem Brunnen vorbeigehen, ohne zu trinken.

Es ist offensichtlich, dass die Bedürfnis-Lust ein Licht auf unsere bedürftige Liebe wirft. Der Geliebte steht in einer Beziehung zu unseren Bedürfnissen, genau wie der Wasserhahn zum Durstigen oder das Schnapsglas zum Trinker. Und die bedürftige Liebe hält – genau wie die Bedürfnis-Lust – nicht länger als das Bedürfnis. Das bedeutet zum Glück nicht, dass jede Zuneigung, die als bedürftige Liebe beginnt, nur vorübergehend ist. Das Bedürfnis selbst kann permanent sein oder sich wiederholen. Eine andere Art von Liebe kann der bedürftigen Liebe aufgepfropft werden. Moralische Grundsätze (Treue in der Ehe, Ehrfurcht vor den Eltern, Dankbarkeit und Ähnliches) können eine Beziehung ein Leben lang erhalten.

Wo die bedürftige Liebe aber sich selbst überlassen bleibt, da ist nichts anderes zu erwarten, als dass sie «stirbt», sobald das Bedürfnis gestillt ist. Daher ist die Welt voll von den Klagen der Mütter, deren erwachsene Kinder sie vernachlässigen, und der verlassenen Frauen, deren Liebhaber sie nur wegen eines Bedürfnisses liebten – welches sie indes gestillt haben.

Mit unserer bedürftigen Liebe zu Gott ist es anders, weil unsere Abhängigkeit von ihm weder in dieser noch in irgendeiner anderen Welt je ein Ende findet. Aber unser Bewusstsein dieser Abhängigkeit kann enden – und damit stirbt die bedürftige Liebe. «Als der Teufel krank war, gelobte er, ein Mönch zu werden.» Es gibt keinen Grund, die kurzlebige Frömmigkeit jener als heuchlerisch zu bezeichnen, deren Religion dahinschwindet, sobald sie aus «Gefahr, Not und Drangsal» emportauchen. Warum sollten sie nicht aufrichtig gewesen sein? Sie waren verzweifelt und schrien um Hilfe. Wer täte das nicht?

Was die wertschätzende Lust vorahnen lässt, kann man nicht so schnell beschreiben.

Zunächst einmal ist sie der Ausgangspunkt für unseren Schönheitssinn. Es ist unmöglich, einen Strich zu ziehen und «sinnliche» Lust darunter, «ästhetische» darüber einzuordnen. Das Erlebnis des Weinkenners enthält bereits Elemente der Konzentration, des Urteilsvermögens und geschulter Wahrnehmung, die nicht sinnlich sind; während in den Erfahrungen des Musikers noch Spuren des Sinnlichen vorhanden sind. Es gibt keine Grenze; der Übergang von der sinnlichen Lust der Gartendüfte zum Genießen einer ganzen Landschaft (oder ihrer «Schönheit») oder gar zum Genießen der Gemälde und Gedichte, die davon handeln, geschieht nahtlos.

Wie wir gesehen haben, steckt in diesen Freuden von allem Anfang an eine Ahnung von Uneigennützigkeit, eine Aufforderung zur Selbstlosigkeit. Natürlich können wir in einem gewissen Sinn auch in Bezug auf die Bedürfnis-Lüste uneigennützig sein. Es ist sogar viel heroischer: Wenn etwa der verwundete Sidney[7] für den sterbenden Soldaten auf einen Becher Wasser verzichtet. Aber das ist nicht die Art von Uneigennützigkeit, von der ich hier spreche. Sidney liebt seinen Nächsten. Aber in der wertschätzenden Lust – sogar in ihren ersten Ansätzen, und immer mehr, wenn sie zum Genießen der ganzen Schönheit heranwächst – finden wir etwas, was wir nicht anders als «Liebe» und «Selbstlosigkeit» nennen können, etwas, was dem Objekt der Lust gilt. Es ist jenes Gefühl, das einen Menschen davon zurückhält, ein Meistergemälde zu zerstören, selbst wenn er der letzte überlebende Mensch wäre und den Tod vor sich hätte; das Gefühl, das uns glücklich macht, dass es noch unberührte Wälder gibt, auch wenn wir sie nie sehen werden; das Gefühl, das uns hoffen lässt, dass jener Garten mit den Wicken oder das Bohnenfeld erhalten bleibt. Wir «mögen» diese Dinge nicht nur, wir erklären sie in einem Augenblick von Gottähnlichkeit für «sehr gut».

Und jetzt beginnt unser Prinzip, beim «Niedrigsten» anzufangen – ohne das «das Höchste» nicht stehen kann –, Zinsen zu tragen. Es hat mir in unserer bisherigen Einteilung der Liebe in «bedürftige» und «schenkende» eine Lücke aufgedeckt. Die Liebe enthält ein drittes Element, das in der «wertschätzenden Lust» vorgezeichnet ist und das nicht weniger wichtig ist als die ersten beiden. Das Urteil «sehr gut», diese Aufmerksamkeit (um nicht zu sagen Huldigung), die man einem Objekt schuldig zu sein glaubt, dieser Wunsch, es möge sein und bleiben, wie es ist, auch wenn wir nie in seinen Genuss kommen, kann sich nicht nur auf Dinge, sondern auch auf Personen beziehen. Einer Frau gegenüber nennt man das Bewunderung, einem Mann gegenüber Heldenverehrung, Gott gegenüber Anbetung.

Bedürftige Liebe schreit aus unserer Armut zu Gott; schenkende Liebe sehnt sich danach, ihm zu dienen oder gar für ihn zu leiden; wertschätzende Liebe sagt: «Wir sagen dir Dank um deiner großen Herrlichkeit willen.» Bedürftige Liebe sagt von einer Frau: «Ich kann nicht leben ohne sie», schenkende Liebe möchte ihr Glück, Trost, Schutz und – wenn möglich – Reichtum verschaffen; wertschätzende Liebe schaut, hält den Atem an und verstummt, frohlockt, dass es ein solches Wunder gibt – auch wenn es nicht für mich bestimmt ist –, verzweifelt nicht ganz, wenn sie es verliert, will lieber den Verlust ertragen, als es nie geschaut zu haben.

Doch wir töten, um sezieren zu können. Im wirklichen Leben vermischen sich die drei Elemente, Gott sei Dank, und lösen einander in rascher Folge ab. Außer der bedürftigen Liebe existiert in «chemischer» Reinheit wohl keines je länger als ein paar Sekunden allein. Und das rührt vielleicht daher, dass in diesem Leben nichts außer unserer Bedürftigkeit von Dauer ist.

Zwei Formen der Liebe zu Nicht-Persönlichem wollen besonders berücksichtigt werden.

Für viele Menschen, vielleicht besonders für die Engländer und die Russen, ist die sogenannte «Naturliebe» ein dauerhaftes und ernst zu nehmendes Gefühl. Ich meine hier eine Naturliebe, die sich als ein Sonderfall der Schönheitsliebe nicht zureichend beschreiben lässt. Selbstverständlich sind viele

Dinge in der Natur schön: Bäume, Blumen, Tiere. Aber die Naturliebhaber, die ich im Sinne habe, kümmern sich nicht so sehr um einzelne schöne Gegenstände dieser Art. Wer das tut, stört sie nur. Ein begeisterter Botaniker ist für sie ein entsetzlicher Wandergefährte. Er bleibt immer wieder stehen, um ihre Aufmerksamkeit auf ein Detail zu lenken. – Sie sind auch nicht auf «Motive» oder «Landschaften» aus. Wordsworth[8], ihr Sprecher, missbilligt dergleichen entschieden. Es führt zu einem «Vergleichen von Bild mit Bild», es «verdirbt den Geschmack» mit «billigen neuen Farb- und Formreizen». Wer sich einer solch kritisierenden und unterscheidenden Tätigkeit hingibt, dem entgeht das, worauf es wirklich ankommt – «die Stimmung der Tages- und Jahreszeiten», der «Geist» eines Ortes. Und Wordsworth hat natürlich recht. Darum ist für einen, der die Natur in ihrer Ganzheit liebt, der Landschaftsmaler (im Freien) noch schlimmer als der Botaniker.

Auf die «Stimmung», den «Geist» kommt es an. Naturliebhaber möchten so umfassend wie möglich in sich aufnehmen, was die Natur jeweils zu einer bestimmten Zeit an einem bestimmten Ort «aussagt». Die augenfällige Fülle, Lieblichkeit und Harmonie mancher Szene ist ihnen nicht kostbarer als der Grimm, die Öde, der Schrecken, die Eintönigkeit oder das «visionäre Düster» einer anderen. Selbst auf das Formlose gehen sie bereitwillig ein. Denn auch das ist ein Wort der Natur. Sie setzen sich dem Wesen einer Landschaft aus von früh bis spät. Sie wollen sie in sich aufsaugen, sich ganz von ihr durchdringen lassen.

Diese Erfahrung wurde, wie so viele andere, vom 19. Jahrhundert in den Himmel gerühmt, um von der Moderne schlechtgemacht zu werden. Und man muss den Entlarvern zugestehen, dass Wordsworth – nicht als Dichter, aber wo er als Philosoph (oder Möchtegernphilosoph) über diese Erfahrung spricht – viel dummes Zeug redet. Es ist dumm zu glauben, dass die Blumen die Luft, die sie atmen, genießen, wenn man keinerlei Beweise dafür hat; wenn es aber stimmt, ist es noch dümmer, nicht hinzuzufügen, dass die Blumen zweifellos nicht nur Lust, sondern auch Schmerz empfinden. – Auch gibt es nicht viele Leute, denen eine «Eingebung aus dem Frühlingswald» Moralphilosophie beigebracht hat.

Und wenn schon, so wäre diese Moralphilosophie nicht unbedingt von der Sorte, die Wordsworth gefallen hätte. Es könnte die Moral des skrupellosen Wettkampfs sein. Manche moderne Dichter scheinen die Natur so zu verstehen. Sie lieben sie insofern, als sie an die «dunklen Götter im Blut» appelliert, nicht obwohl, sondern weil Sex, Hunger und nackte Gewalt in ihr scham- und gnadenlos am Werke sind.

Wer sich die Natur zur Lehrmeisterin nimmt, lernt bei ihr genau das, was er bereits zu lernen entschlossen ist. Mit anderen Worten: Die Natur lehrt nicht. Die Neigung, sie zur Lehrmeisterin zu nehmen, lässt sich offensichtlich sehr leicht auf das Erlebnis aufpfropfen, das wir «Naturliebe» nennen. Aber sie ist nur ein Pfropfreis. Solange wir den «Stimmungen», dem «Geist» der Natur unterworfen sind, weisen sie auf keine Moral hin. Überschäumende Heiterkeit, unerträgliche Größe, finstere Verlassenheit stürzen auf dich ein. Mach daraus, was du kannst, wenn du überhaupt etwas machen musst. Das Einzige, was die Natur fordert, ist: «Schau! Horch! Merk auf!»

Diese Aufforderung wird oft missdeutet, und die Leute basteln ihre eigenen Theologien, Pantheologien[9] und Antitheologien daraus – aber das berührt die grundlegende Erfahrung nicht. Was die Naturliebhaber – seien sie Anhänger Wordsworths oder der «dunklen Götter im Blut» – von der Natur erhalten, ist eine Ikonografie, eine Bildersprache. Ich meine nicht bloß die sichtbaren Bilder; der «Geist», die «Stimmungen» selbst sind die Bilder: die machtvolle Darbietung von Schrecken, Schwermut, Heiterkeit, Grausamkeit, Lust, Unschuld, Reinheit. In diese Bilder kann jeder seinen eigenen Glauben kleiden. Theologie und Philosophie aber müssen wir anderswo lernen (und warum denn nicht bei den Theologen und Philosophen!).

Mit «in Bilder kleiden» meine ich nichts von der Art, wie die Dichter die Natur zu Gleichnissen oder Metaphern benützen. Vielleicht trifft «füllen» oder «verkörpern» den Sachverhalt besser als «kleiden». Wir brauchen Worte, um unseren Glauben bekennen zu können; viele Leute – ich gehöre auch zu ihnen – könnten ohne ihre Naturerlebnisse diesen Worten gar keinen Inhalt geben. Die Natur hat mich nie gelehrt, dass es einen Gott von unendlicher Majestät und Herrlichkeit gibt. Das musste ich auf andere Weise lernen. Aber die Natur hat das Wort «Herrlichkeit» für mich mit Sinn erfüllt. Ich weiß heute noch nicht, wo ich ihn sonst hätte finden können. Und ich sehe nicht, wie die Gottes«furcht» für mich je etwas anderes bedeutet hätte als das elementare Bedürfnis nach Sicherheit, hätte ich nie abgründige Schluchten und hochragende Klippen gesehen. Und wenn die Natur nicht gewisse Sehnsüchte in mir geweckt hätte, wäre mir wohl unendlich vieles, was ich jetzt Gottes«liebe» nenne, für immer verborgen geblieben.

Die Tatsache, dass ein Christ auf diese Weise von der Natur Gebrauch machen kann, ist selbstverständlich nicht einmal eine Spur von Beweis dafür, dass das Christentum wahr ist. Wer an den «dunklen Göttern» leidet, kann sie (vermutlich) gleicherweise für seinen Glauben gebrauchen. Das ist es ja eben. Die Natur lehrt nicht. Eine wahre Philosophie kann manchmal ein Naturerlebnis bestätigen, aber nicht umgekehrt. Die Natur kann niemals einen theologischen oder philosophischen Satz beweisen (jedenfalls nicht in der Weise, die wir jetzt betrachten); sie hilft zeigen, was er meint.

Und das ist, unter christlichen Voraussetzungen, nicht zufällig. Es liegt auf der Hand, dass die geschaffene Herrlichkeit hinweist auf die ungeschaffene; denn aus der ungeschaffenen wurde sie geschaffen, und deshalb reflektiert sie diese auch irgendwie.

Irgendwie. Aber vielleicht nicht auf so unmittelbare und einfache Weise, wie wir zuerst annehmen möchten. Denn all die Tatsachen, die von Naturliebhabern anderer Schulen herausgestrichen werden, sind natürlich ebenfalls Tatsachen. Es gibt sowohl die Würmer im Bauch als auch die Primeln im Wald. Wer versucht, entweder beides unter einen Hut zu bringen oder zu zeigen, dass das eigentlich gar nicht nötig ist, wendet sich ab von der unmittelbaren Naturerfahrung (unserem jetzigen Thema) und gerät in Fragen der Metaphysik, der Rechtfertigung und Gerechtigkeit Gottes oder dergleichen. Das mag eine gute Sache sein; aber ich glaube, man sollte dies vom Thema «Naturliebe» sauber getrennt halten.

Solange wir uns noch auf dieser Ebene befinden, solange wir noch von dem reden wollen, was uns die Natur unmittelbar «gesagt» hat, müssen wir auch dazu stehen. Wir haben ein Bild der Herrlichkeit gesehen. Wir dürfen nicht versuchen, hier einen direkten Weg zu einer vertieften Gotteserkenntnis zu finden. Der Weg verliert sich fast augenblicklich im Dickicht. Schrecken und Geheimnisse, die ganze Tiefe der Ratschlüsse Gottes und der ganze Knäuel der Weltgeschichte überwuchern ihn. Wir kommen nicht durch; so nicht! Wir müssen einen Umweg machen – die Berge und Wälder verlassen und in unsere Studierstuben zurückkehren, in die Kirche, zu unseren Bibeln, auf die Knie. Sonst droht die Naturliebe zur Naturreligion zu werden. Und dann führt sie zu den «dunklen Göttern» oder doch wenigstens zu einer Menge Unsinn.

Doch brauchen wir die Naturliebe – gereinigt und in den Grenzen, die ich angedeutet habe – nicht den Schlechtmachern auszuliefern. Die Natur kann zwar die Sehnsucht, die sie weckt, nicht stillen. Sie kann keine theologischen Fragen beantworten und uns auch nicht heiligen. Auf unserem Weg zu Gott müssen wir ihr immer wieder den Rücken kehren: weg vom Morgennebel über den Feldern in irgendeine schäbige, kleine Kirche oder vielleicht auch in die Gemeindearbeit in einem Elendsviertel. Aber die Naturliebe ist eine wertvolle und für manche Leute unersetzliche erste Erfahrung.

Ich brauche nicht «erste» zu sagen. Denn wer der Naturliebe gerade so viel Raum lässt – und nicht mehr –, scheint am ehesten fähig, sie zu bewahren. Das ist zu erwarten. Denn wenn sich die Naturliebe zur Religion aufspielt, wird sie zum Gott – und damit zum Dämon. Dämonen halten nie, was sie versprechen. Wem die Naturliebe das Leben bedeutet, für den stirbt die Natur ab.

Coleridge[10] war am Ende unempfänglich für sie; Wordsworth klagte, dass ihre Herrlichkeit vergangen sei. Geh am frühen Morgen in den Garten, um zu beten, ignoriere standhaft den Tau, die Vögel, die Blumen, und du wirst überwältigt von ihrer Frische und Freude. Geh hin, um überwältigt zu werden, und von einem gewissen Alter an erlebst du in neun von zehn Fällen überhaupt nichts.

Nun zur Vaterlandsliebe. In diesem Fall ist es unnötig, Denis de Rougemont zu bemühen: Wir wissen alle nur zu gut, dass diese Liebe zum Dämon wird, sobald man sie zum Gott macht. Manche hegen den Verdacht, sie sei überhaupt nie etwas anderes als ein Dämon. Aber dann müssten sie auch die Hälfte der klassischen Literatur und der Heldentaten unseres Volkes verwerfen. Nicht einmal die Klage Christi über Jerusalem dürften sie gelten lassen. Auch er bezeugt Liebe zu seinem Vaterland.

Begrenzen wir unser Thema. Wir brauchen hier keinen Aufsatz über internationale Ethik. Wenn die Vaterlandsliebe dämonisch wird, bringt sie natürlich böse Taten hervor. Ich überlasse es Fähigeren, darüber zu entscheiden, welche Taten zwischen den Nationen böse sind. Wir betrachten hier nur das Gefühl als solches, in der Hoffnung, Unschuldiges von Dämonischem unterscheiden zu können. Keines von beiden ist die Ursache nationalen Verhaltens. Denn genau genommen sind es die Regierenden, nicht die Nationen, die international handeln. Ein dämonischer Patriotismus ihrer Bürger – ich schreibe nur für Bürger – wird ihnen böses Handeln erleichtern; ein gesunder Patriotismus wird es ihnen vielleicht erschweren. Sind sie böse, so können sie durch Propaganda einen dämonischen Zustand unserer Gefühle fördern, um uns auf ihrer Seite zu haben. Sind sie gut, so können sie das Gegenteil tun. Das ist ein Grund, warum wir kleinen Bürger ein wachsames Auge auf den Gesundheitszustand unserer Vaterlandsliebe haben sollten. Darum geht es mir. Keine Dichter haben dem Patriotismus kräftigeren Ausdruck verliehen als Kipling[11] und Chesterton[12]; das zeigt, wie doppeldeutig er ist. Wäre er ein einheitliches Gefühl, hätten ihn nicht zwei so verschiedene Männer preisen können. Aber in Wirklichkeit enthält er viele Elemente in allen möglichen Kombinationen.

Da ist erstens die Liebe zur Heimat, zum Ort, wo wir aufgewachsen sind, oder zu den Orten – vielleicht sind es viele –, die unser Zuhause geworden sind; Liebe zu allen Orten, die ihnen ziemlich nahe oder ziemlich ähnlich sind; Liebe zu alten Bekannten, zu vertrauten Anblicken, Geräuschen und Gerüchen. Das kann für uns allerhöchstens eine Liebe zu England, zu Wales, Schottland oder Ulster sein. Nur Ausländer und Politiker reden von «Großbritannien». Kiplings «Ich liebe nicht die Feinde meines Reichs» schlägt einen lächerlich falschen Ton an: *Mein* Königreich! Mit dieser Ortsliebe ist die Liebe zu einer Lebensweise verknüpft; zu Bier, Tee, einem Kaminfeuer, den Abteilen der Eisenbahn, der unbewaffneten Polizei und so weiter; zum Ortsdialekt und (etwas weniger) zur

Muttersprache. Chesterton sagte, wenn Fremde unser Land regierten, sei das etwa, wie wenn einem das Haus abbrenne; man «wüsste gar nicht, wo anfangen», wolle man all das aufzählen, was man verloren habe.

Es gibt kaum einen Grund, warum man dieses Gefühl verurteilen sollte. Wie uns die Familie zum ersten Schritt über die Selbstliebe hinaus anleitet, so führt uns dieses Gefühl zum ersten Schritt über den Familien-Egoismus hinaus. Natürlich ist es keine reine Nächstenliebe. Die Liebe gilt unserem Nächsten im örtlichen Sinn, unserem Nächsten am Stammtisch, nicht unserem Nächsten im Sinne Jesu. Aber wer seinen Nachbarn in Dorf oder Stadt, den er kennt, nicht liebt, hat es vermutlich in der Liebe zum «Menschen», den er nicht kennt, noch nicht sehr weit gebracht.

Alle natürlichen Zuneigungen, auch die gegenüber unserer nächsten Umgebung, können Rivalen der geistlichen Liebe werden. Aber sie können auch eine Vorbereitung, ein Abbild sein, sozusagen ein Training der geistlichen Muskeln, die die Gnade später in einen höheren Dienst nehmen kann; kleine Mädchen üben mit ihren Puppen, was sie später als Mütter mit ihren Kindern tun. Es mag Situationen geben, wo man Veranlassung hat, auf diese Liebe zu verzichten. «Reiß dir das rechte Auge aus.»

Aber zuerst muss man einen Augapfel haben. Ein Geschöpf, das keine Augen hat, höchstens so etwas wie lichtempfindliche Stellen, sollte nicht über diesen schwierigen Text meditieren.

Patriotismus dieser Art ist natürlich überhaupt nicht aggressiv. Er will nur in Ruhe gelassen werden. Kämpferisch wird er bloß, um zu schützen, was er liebt. In jedem Gemüt, das auch nur für einen Pfennig Fantasie hat, erzeugt er eine fremdenfreundliche Gesinnung. Wie kann ich meine Heimat lieben, ohne einzusehen, dass andere Menschen mit gleichem

Recht die ihre lieben? Wenn man einmal verstanden hat, dass die Franzosen ihren *Café complet* genauso schätzen wie wir unseren Speck mit Eiern, nun gut – sollen sie doch, das ist ihre Sache, und guten Appetit! Nichts liegt uns ferner, als die ganze Welt nach unserer Heimat modeln zu wollen. Sie ist ja unsere Heimat, weil sie anders ist.

Das zweite Element ist eine besondere Einstellung zur Geschichte unseres Landes. Ich meine die Geschichte, wie sie in der volkstümlichen Fantasie lebt: die Heldentaten unserer Vorfahren. Man denke an Marathon, an Waterloo. «Wir, die wir Shakespeares Sprache sprechen, müssen frei sein oder sterben.» Diese Vergangenheit wird als Verpflichtung empfunden und als Zusage: Wir dürfen hinter dem Vorbild unserer Väter nicht zurückbleiben; aber wir sind ihre Söhne, warum sollte es uns da nicht gelingen?

Dieses Gefühl steht weniger hoch im Kurs als die schlichte Heimatliebe. Die tatsächliche Geschichte eines jeden Landes ist voll von schäbigen und sogar schändlichen Taten. Hält man die Heldengeschichten für typisch, so entsteht ein falscher Eindruck. Oft halten sie ja auch einer ernsthaften historischen Kritik nicht stand. Daher ist ein Patriotismus, der sich auf unsere ruhmreiche Vergangenheit stützt, leichte Beute für die Schlechtmacher. Wenn das Wissen wächst, kann er leicht zusammenbrechen, und der Patriot wird ein enttäuschter Zyniker, wenn er nicht willentlich die Augen vor den Tatsachen verschließt.

Doch warum sollten wir dieses Gefühl verurteilen? Es hat schon viele Menschen im entscheidenden Moment veranlasst, ihr Bestes zu geben.

Ich glaube, es ist möglich, aus den Bildern der Geschichte Kraft zu schöpfen, ohne sich täuschen zu lassen oder aufgeblasen zu werden. Die Bilder werden nur in dem Maße gefährlich, wie sie seriöses, systematisches Geschichtsdenken ersetzen. Die Geschichten sind dann am besten, wenn sie als Geschichten weitererzählt und angehört werden. Damit meine ich nicht, man solle sie als reine Dichtung weitergeben (immerhin sind einige von ihnen wahr). Aber das Gewicht sollte auf dem Erzählen liegen, auf dem Gemälde, das die Fantasie beflügelt, dem Vorbild, das den Willen stärkt. Der Schuljunge, der sie hört, soll dunkel spüren – auch wenn er es nicht in Worte fassen kann –, dass er einer Sage lauscht. Wenn er gepackt wird von den «Taten, die ein Reich errangen», schön – aber am besten außerhalb der Schulstube. Je weniger wir die «Sage» mit der Geschichtsstunde vermengen oder sie mit sauberer historischer Forschung oder gar mit der Rechtfertigung der Politik des «British Empire» verwechseln, umso besser. Als Kind besaß ich ein Buch voller farbiger Bilder: *Our Island Story* («Die Geschichte unserer Insel»). Dieser Titel schlägt meiner Meinung nach genau den richtigen Ton an. Und das Buch sah auch gar nicht wie ein Lehrmittel aus.

Ich halte etwas ganz anderes für Gift: die vollkommen ernsthafte Indoktrination der Jugend mit einer bewusst falschen oder einseitigen Geschichte – Heldensagen, die schlecht und recht als historische Tatsachen, das heißt als Schulbuchwissen, zurechtgeschneidert werden. So wird ein Patriotismus gezüchtet, der mir verderblich erscheint (der sich aber bei einem einigermaßen gebildeten Erwachsenen kaum lange halten kann). Denn damit schleicht sich stillschweigend die Meinung ein, andere Nationen hätten nicht auch ihre Helden, vielleicht sogar der Glaube, wir könnten eine Überlieferung buchstäblich «erben» – das wäre eine seltsame Biologie. Und damit kommen wir fast unvermeidlich zu einem Dritten, das manchmal auch Patriotismus genannt wird.

Dieses Dritte ist kein Gefühl, sondern eine Überzeugung – die feste, sogar prosaische Überzeugung, dass unsere Nation, ganz nüchtern und sachlich gesehen, seit Langem und bis zum heutigen Tag allen anderen deutlich überlegen sei. Einem alten Geistlichen gegenüber, der ein Patriot von dieser Sorte war, wagte ich einmal zu sagen: «Mein Lieber, es ist doch bekannt, dass *jedes* Volk seine eigenen Männer für die tapfersten und seine eigenen Frauen für die schönsten der Welt hält.» Er antwortete todernst – wenn er am Altar das Glaubensbekenntnis gesprochen hätte, hätte er nicht ernster sein können –: «Ja, aber in England stimmt es.» Gewiss, diese Überzeugung hat meinen Freund (er ruhe in Frieden) nicht zum Schurken gemacht; nur zu einem überaus liebenswerten alten Esel. Sie kann aber auch Esel hervorbringen, die schlagen und beißen. Im extremsten Fall kann sie in jenen Rassenwahn übergehen, der sowohl im Widerspruch zum Christentum als auch zu den Wissenschaften steht.

Das bringt uns zum vierten Element. Wenn unsere Nation wirklich so viel besser ist – könnte sie da in ihrer Überlegenheit nicht Pflichten oder Rechte gegenüber anderen Nationen haben? Im 19. Jahrhundert wurden die Engländer in diesem Sinn sehr pflichtbewusst: «Die Last des weißen Mannes». Die «Eingeborenen» wurden unsere Mündel und wir ihre selbst ernannten Vormunde. Das war nicht ausschließlich Heuchelei. Wir haben ihnen wirklich auch Gutes getan. Aber wir redeten so, als wären Englands Motive für den Aufbau des Imperiums (oder die Motive irgendeines jungen Mannes, der sich um einen Posten in der indischen Zivilverwaltung bewarb) weitgehend uneigennützig – Brechreiz für die Welt! Dabei zeigte sich das Überlegenheitsgefühl hier noch von seiner besten Seite. Manche Nationen, die sich auch so überlegen fühlten, hielten mehr von ihren Rechten als von ihren Pflichten. Sie fanden die Fremden zum Teil so schlecht, dass sie sich berechtigt glaubten, sie auszurotten. Andere waren nur zum Wasserschleppen und Holzhacken zu gebrauchen – für sie, das auserwählte Volk. Die musste man also schleunigst an die Arbeit schicken. Hunde, lernt eure Herren kennen!

Ich behaupte keineswegs, dass diese beiden Haltungen auf derselben Ebene liegen. Aber beide sind verhängnisvoll. Beide wollen ihren Wirkungskreis dauernd vergrößern. Und beide tragen das sichere Merkmal des Bösen: Nur wenn sie Schrecken verbreiten, sind sie nicht lächerlich. Gäbe es keine Vertragsbrüche gegen die Indianer, keine Ausrottung der Tasmanier, keine Gaskammern und kein Bergen-Belsen, kein Amritsar[13], keine Black-and-Tans[14] und keine Apartheid: Solche Aufgeblasenheit wäre zum Brüllen komisch.

Schließlich erreichen wir den Zustand, in dem der Patriotismus in seiner dämonischen Form unbewusst an sich selbst Verrat übt. Chesterton fand bei Kipling das vollkommene Beispiel dafür. Das war nicht fair gegenüber Kipling, der sehr wohl wusste, was Heimatliebe sein kann – ein Wunder bei einem so heimatlosen Menschen. Aber aus dem Zusammenhang gerissen, können die beiden Zeilen als Illustration herhalten. Sie lauten:

«Wenn England wär', wie England scheint,
Wie schnell bekäm's von uns den Laufpaß!
Doch so ist's nicht!»[15]

Liebe hat noch nie so gesprochen. Das wäre, wie wenn man die Kinder nur liebte, «wenn sie brav sind», die Frau, solange sie hübsch ist, den Ehemann, solange er berühmt ist und Erfolg hat.

«Keiner liebt seine Stadt, weil sie großartig ist», hat ein Grieche gesagt, «sondern weil sie *seine* Stadt ist.» Wer sein Land wirklich liebt, liebt es auch in Zerfall und Niedergang – «England, trotz deiner Fehler lieb ich dich». Es ist für ihn «klein, aber mein». Weil er es liebt, hält er es vielleicht für gut und groß, auch wenn es nicht so ist; die Selbsttäuschung ist bis zu einem gewissen Grad verzeihlich. Doch Kiplings Soldat verdreht das ins Gegenteil; er liebt sein Vaterland, weil er es für großartig und gut hält, er liebt es aufgrund seiner Verdienste. Es ist ein gut gehendes Unternehmen, und es befriedigt seinen Stolz, dabei zu sein. Und wenn es mit seinem Land bergab ginge? Die Antwort ist einfach: «Ohne mich.» Wenn das Schiff zu sinken beginnt, lässt er es im Stich. So ist es möglich, dass der Patriotismus, der mit Trommeln und Trompeten daherlärmt, in Wirklichkeit auf der Straße marschiert, die nach Vichy, das heißt in die nationale Katastrophe führt. Und das ist eine Erscheinung, die uns noch öfter begegnen wird. Wenn die natürlichen Arten der Liebe gesetzlos werden, schaden sie nicht nur anderen Liebesarten; sie hören auf, die Liebe zu sein, die sie waren; ja, sie hören überhaupt auf, Liebe zu sein.

Patriotismus hat viele Gesichter. Wer ihn ganz über Bord werfen möchte, hat wohl nicht überlegt, was ganz gewiss an seine Stelle treten würde. Mancherorts kann man das bereits beobachten. Die Nationen werden wohl noch lange Zeit, vielleicht immer, bedroht sein. Die Regierungen müssen die Bürger irgendwie zur Landesverteidigung motivieren. Wo das Gefühl des Patriotismus zerstört ist, muss man den Leuten jeden zwischenstaatlichen Konflikt als ethische Streitfrage darstellen. Wenn sie für das Vaterland weder Schweiß noch Blut vergießen wollen, muss man ihnen weismachen, dass sie für die Gerechtigkeit, die Zivilisation oder die Humanität kämpfen. Das ist ein Schritt abwärts, nicht aufwärts. Patriotisches Gefühl braucht natürlich ethische Grundsätze nicht außer Acht zu lassen. Gute Menschen musste man davon überzeugen, dass die Sache des Vaterlands gerecht sei; aber es ging doch um die Sache des Landes, nicht um die Gerechtigkeit als solche. Der Unterschied scheint mir wichtig. Ich kann es ohne

Selbstgerechtigkeit und Heuchelei richtig finden, mein Haus mit Gewalt gegen einen Einbrecher zu verteidigen. Wenn ich aber behaupte, ich hätte ihm aus moralischer Überzeugung ein blaues Auge geschlagen – ohne Rücksicht darauf, dass es sich um *mein* Haus handelte –, dann werde ich unausstehlich. Ebenso verlogen ist der Anspruch, wir kämpften nur für England, wenn Englands Sache gerecht sei – etwa so wie irgendein neutraler Don Quijote. Unsinn zieht das Böse nach sich. Wenn die Sache unseres Vaterlandes die Sache Gottes ist, müssen Kriege zu Vernichtungskriegen werden. Dingen, die sehr irdisch sind, wird eine falsche Transzendenz verliehen.

Das Großartige an den alten patriotischen Gefühlen war, dass sie die Menschen zum äußersten Einsatz stählten – und dies immer im Bewusstsein, dass es Gefühle waren. Kriege konnten heldenmütig sein, ohne sich als heilige Kriege aufzuspielen. Der Heldentod wurde nicht mit dem Märtyrertod verwechselt. Und das gleiche Gefühl, das in einem Nachhutgefecht so bitterernst war, konnte in Friedenszeiten so köstlich leicht genommen werden, wie es typisch ist für jede glückliche Liebe. Es konnte über sich selbst lachen. Unsere älteren patriotischen Lieder kann man gar nicht ohne ein Augenzwinkern singen. Spätere klingen eher wie Kirchenlieder. Mir ist «The British Grenadiers» (mit seinem «tow-row-row») immer noch lieber als «Land of Hope and Glory».

Man wird bemerken, dass die Art der Liebe, die ich beschrieben habe, nicht nur einem Land gelten kann, sondern auch einer Schule, einer militärischen Einheit, einer bedeutenden Familie oder einer sozialen Klasse. Und auch darauf lässt sich unsere Kritik anwenden.

Diese Liebe kann man auch für Gebilde empfinden, die mehr als natürliche Zuneigung beanspruchen: für eine Kirche oder (leider!) für eine Splittergruppe innerhalb der Kirche oder für einen religiösen Orden. Über dieses schreckliche

Thema müsste man ein eigenes Buch schreiben. Hier mag die Bemerkung genügen, dass die «Gemeinschaft der Heiligen» auch eine irdische Gemeinschaft ist. Unser (bloß natürlicher) Patriotismus gilt dem Irdischen. Aber er holt sich gern transzendente Ansprüche zu Hilfe, um damit die scheußlichsten Taten zu rechtfertigen. Sollte jenes Buch (von dem ich meine Finger lasse) je geschrieben werden, so muss es ein umfassendes Geständnis der Christenheit über ihren besonderen Beitrag zur Summe menschlicher Grausamkeit und Bosheit enthalten. Die «Welt» weigert sich, uns anzuhören, wenn wir uns nicht öffentlich von einem großen Teil unserer Vergangenheit distanzieren. Warum sollte sie auch? Wir haben den Namen Christi im Mund geführt und sehr oft im Namen Molochs gehandelt.

Manche denken wohl, ich sollte dieses Kapitel nicht ohne ein Wort über die Tierliebe schließen. Aber das wird sich besser ins nächste fügen. Ob Tiere nun tatsächlich Personen sind oder nicht – sie werden immer so geliebt, als seien sie es. In der Liebe zu Tieren ist die Tatsache oder Illusion der Personalität immer gegenwärtig – ein Beispiel für jene Art von Zuneigung, die uns im nächsten Kapitel beschäftigen wird.

II.

Zuneigung

Ich beginne mit der schlichtesten und häufigsten Form der Liebe,

in der wir uns am wenigsten von den Tieren zu unterscheiden scheinen. Und ich muss sofort hinzufügen, dass ich sie aus diesem Grund keineswegs gering achte. Nichts im Menschen ist schon darum besser oder schlechter, weil er es mit den Tieren teilt. Wenn wir jemandem vorwerfen, er sei «bloß ein Tier», meinen wir damit nicht, er zeige tierische Merkmale (die haben wir alle), sondern er verhalte sich dort ausschließlich tierisch, wo das spezifisch Menschliche gefordert ist. (Wenn wir ihn «bestialisch» nennen, meinen wir in der Regel, er begehe Grausamkeiten, zu denen die meisten wirklichen Bestien nicht imstande sind; sie sind nicht gescheit genug.)

Die Griechen nannten diese Liebe *storge*. Ich will sie hier einfach Zuneigung nennen. Mein Griechisch-Wörterbuch übersetzt *storge* mit «Liebe, Zärtlichkeit, besonders zwischen Eltern und Kindern». Das ist zweifellos die ursprüngliche Form und zentrale Bedeutung des Begriffs. Das Bild, von dem wir ausgehen müssen, ist das der Mutter mit dem Kind im Arm, der Hündin mit einem Korb voll Welpen, der Katze mit ihren Jungen: alle miteinander in einem quieksenden, schnüffelnden Haufen; Schnurren, Lecken, Plappern, Milch, Wärme, der Geruch jungen Lebens.

Dieses Bild ist darum so wichtig, weil es uns gleich am Anfang vor ein Paradoxon stellt. Die Bedürftigkeit und die bedürftige Liebe der Jungen sind offensichtlich; ebenso die schenkende Liebe der Mutter. Sie schenkt – Leben, Nahrung, Schutz. Andererseits *muss* sie gebären oder sterben. Sie *muss* nähren oder leiden. So gesehen ist auch ihre Zuneigung eine bedürftige Liebe. Darin steckt das Paradoxon: Es ist bedürftige Liebe; aber ihr Bedürfnis ist das Schenken. Es ist schenkende Liebe; aber sie braucht den, der *sie* braucht. Wir werden darauf zurückkommen müssen.

Doch sogar in der Tierwelt, und noch mehr in unserem eigenen Leben, reicht die Zuneigung weit über die Beziehung zwischen Mutter und Kind hinaus. Dieses warme Behagen, diese Zufriedenheit, weil man beisammen ist, gilt allen möglichen Objekten. Es ist die am wenigsten wählerische Liebe. Es gibt Frauen, die kaum umworben werden, und Männer, die wenige Freunde haben, weil sie (menschlich gesagt) vielleicht wenig oder nichts zu bieten haben. Aber fast jeder kann ein Gegenstand der Zuneigung werden: die Hässlichen, die Dummen, sogar die Nervenaufreibenden. Was die Zuneigung vereint, braucht offensichtlich nicht zueinander zu passen. Ich habe erlebt, wie nicht nur die Eltern, sondern auch die Brüder einem geistesschwachen Kind zugeneigt waren. Die Zuneigung kennt keine Schranken des Alters, des Geschlechts, der Klasse oder der Erziehung. Es gibt sie zwischen einem gebildeten jungen Mann und einer alten Amme, obwohl die beiden in verschiedenen geistigen Welten zu Hause sind. Sie setzt sich auch über die Schranken der Art hinweg. Es gibt sie nicht nur zwischen Hund und Mensch, sondern seltsamerweise auch zwischen Hund und Katze. Ein Verhaltensforscher will sie sogar zwischen einem Pferd und einem Huhn beobachtet haben.

Manche Romanschriftsteller haben das gut erfasst. In *Tristram Shandy*[16] sind «mein Vater» und Onkel Toby nicht durch die leiseste Gemeinsamkeit von Interessen oder Vorstellungen verbunden. Sie können keine zehn Minuten miteinander reden, ohne sich in die Quere zu kommen; aber wir spüren ihre tiefe gegenseitige Zuneigung. Dasselbe finden wir bei Don Quijote und Sancho Panza, Pickwick und Sam Weller[17], Dick Swiveller und der Marquise[18]. Dasselbe, vermutlich ohne bewusste Absicht des Verfassers, in «Der Wind in den Weiden»[19]. Das Viergespann von Maulwurf, Ratte, Dachs und Kröte zeigt die erstaunliche Verschiedenartigkeit, die im Raum der Zuneigung möglich ist.

Doch die Zuneigung hat ihre eigenen Kriterien. Ihre Objekte müssen vertraut sein. Manchmal können wir Tag und Stunde angeben, wo wir uns verliebt oder eine neue Freundschaft geschlossen haben. Aber ich bezweifle, dass wir je den Anfang einer Zuneigung fassen können. Wenn wir uns ihrer bewusst werden, heißt das, dass sie schon seit einiger Zeit besteht. Es ist bezeichnend, dass Zuneigung oft den Ausdruck «alt» gebraucht. Der Hund bellt einen Fremden an, der ihm nie etwas zuleide getan hat, und er wedelt bei alten Bekannten, auch wenn sie ihm nie einen Gefallen erwiesen haben. Das Kind liebt einen alten, mürrischen Gärtner, welcher es kaum je beachtet, und es scheut vor dem Besucher zurück, der es mit allen Mitteln für sich gewinnen will. Aber es muss ein *alter* Gärtner sein, einer, der «schon immer» da war – das kurze, aber unvorstellbar lange «Immer» der Kindheit.

Zuneigung ist, wie gesagt, die schlichteste Form der Liebe. Sie macht sich nicht wichtig. Man kann auf seine Verliebtheit oder auf seine Freundschaft stolz sein. Zuneigung dagegen ist bescheiden – sogar verschämt und verstohlen. Als ich einmal sagte, die Zuneigung zwischen Hund und Katze sei recht häufig zu finden, erwiderte mein Freund: «Ja. Aber ich wette, kein Hund wird sie je einem anderen Hund eingestehen.» – Das ist zumindest eine treffende Karikatur menschlicher Zuneigung. «Lasst die hausbackenen Gesichter zu Hause bleiben», sagt Comus[20]. Zuneigung hat ein sehr hausbackenes, gewöhnliches Gesicht. Und sie gilt auch oft Menschen mit gewöhnlichen Gesichtern. Es ist kein Beweis für differenzierten Geschmack, dass wir sie lieben, noch dass sie uns lieben. Was ich wertschätzende Liebe genannt habe, bildet kein wesentliches Element der Zuneigung.

Meistens rühmen wir jene, mit denen uns Zuneigung verbindet, erst, wenn wir sie verloren haben. Wir nehmen sie für selbstverständlich. Und diese Selbstverständlichkeit, in der erotischen Liebe eine Beleidigung, ist hier bis zu einem gewissen Grad das Richtige und Angemessene. Sie passt zu der behaglichen, unscheinbaren Art dieses Gefühls. Zuneigung wäre nicht mehr Zuneigung, wenn man oft und laut davon reden würde. Man kann sie nicht zur Schau stellen – das wäre wie bei einem Wohnungswechsel, wenn man die Möbel aus dem Haus trägt: An Ort und Stelle sind sie ganz in Ordnung, aber in der Sonne sehen sie schäbig, billig oder grotesk aus. Zuneigung nistet sich fast überall in unserem Leben ein. Sie lebt in schlichten, unscheinbaren, privaten Dingen; in weichen Pantoffeln, alten Kleidern, alten Witzen, im schläfrigen Klopfen eines Hundeschwanzes auf den Küchenboden, im Schnurren einer Nähmaschine, in einem Hampelmann, der vergessen im Gras liegt.

Aber ich muss mich sofort korrigieren. Ich beschreibe die Zuneigung so, wie sie für sich allein aussieht, ohne die anderen Arten der Liebe. Oft ist sie wirklich so; oft auch nicht. Wie Gin nicht nur pur getrunken wird, sondern auch als Grundlage für viele Mischgetränke dient, so kann die Zuneigung «rein» vorkommen, aber auch in andere Liebesarten eingehen, sie ganz durchdringen und zum eigentlichen Medium werden, in dem sie sich Tag für Tag auswirken. Eine Freundschaft schließen ist nicht das Gleiche wie Zuneigung empfinden. Wenn aber dein Freund ein alter Freund geworden ist, werden all die Dinge, die ursprünglich nichts mit der Freundschaft zu tun hatten, vertraut und lieb. Was die erotische Liebe betrifft, so kann ich mir nichts Widerlicheres vorstellen als Verliebtheit, die länger als ein paar Augenblicke ohne das schlichte Kleid der Zuneigung auskommen muss. Das wäre ein höchst unbehaglicher Zustand, entweder zu engelhaft oder zu tierisch oder beides abwechselnd: für einen Menschen immer eine Nummer zu groß oder zu klein. In der Freundschaft und in der erotischen Liebe haben jene Augenblicke einen besonderen Zauber, wo die wertschätzende Liebe sozusagen zusammengerollt in einer Ecke schläft und uns bloß das Behagliche, das Alltägliche der Beziehung umfängt (jeder so frei, als sei er allein, und doch keiner einsam). Es braucht keine Worte. Es braucht keine Zärtlichkeiten. Es braucht gar nichts – außer dass vielleicht einer ein wenig in der Glut des Kaminfeuers stochert.

Diese Mischung und Überlagerung der drei Liebesarten wird daran deutlich, dass sich alle drei fast zu allen Zeiten des gleichen Ausdrucks bedienten: des Kusses. Im heutigen England ist der Kuss in der Freundschaft nicht mehr üblich, wohl aber in der Zuneigung und in der erotischen Liebe. Für beide ist er so typisch, dass sich nicht ausmachen lässt, wo er zuerst üblich war – wenn es da überhaupt eine Reihenfolge gibt. Man kann einwenden, der Kuss des Eros unterscheide sich vom Kuss der Zuneigung. Gewiss; aber nicht alle Küsse zwischen Liebenden sind Liebesküsse. Ebenso neigen beide Liebesarten – zur Verlegenheit mancher moderner Leute – dazu, eine Art «Kindersprache», ein Lallen zu benützen. Und das ist keine Eigentümlichkeit der menschlichen Art. Konrad Lorenz[21] erzählt, dass man im «Liebesgeflüster» der Dohlen kindliche Laute vernehme, die die erwachsenen Dohlen sonst nicht von sich geben. Der Grund ist bei uns und bei den Vögeln der gleiche: Verschiedene Arten der Zärtlichkeit bleiben doch immer Zärtlichkeit. Die Sprache der frühesten Zärtlichkeit, die wir je erfahren haben, wird für die neue Art der Zärtlichkeit aus der Erinnerung heraufgeholt.

Eines der bemerkenswertesten Nebenprodukte der Zuneigung ist noch gar nicht erwähnt worden. Ich habe gesagt, es handle sich nicht in erster Linie um eine Liebe der Wertschätzung. Die Zuneigung ist nicht wählerisch. Sie begnügt sich mit wenig verheißungsvollen Leuten. Aber gerade diese Tatsache macht es möglich, dass durch die Zuneigung unerwartet eine Wertschätzung entsteht, die ohne Zuneigung nie gewachsen wäre.

Wir sagen – nicht ganz zu Unrecht –, dass wir unsere Freunde oder die Frau unseres Herzens um ihrer Vorzüge willen gewählt haben: wegen ihrer Schönheit, Aufrichtigkeit oder Güte, wegen ihres Humors, ihrer Intelligenz oder was weiß ich. Aber es muss die besondere Art von Humor, Schönheit oder Güte sein, die wir mögen, und wir haben in diesen Dingen unseren ganz persönlichen Geschmack. Darum haben Freunde und Liebende das Gefühl, sie seien «füreinander geschaffen». Der besondere Zauber der Zuneigung besteht darin, dass sie Menschen verbindet, die komischerweise eben gerade nicht füreinander geschaffen sind, Leute, die nichts miteinander gemein hätten, wenn das Schicksal sie nicht in denselben Haushalt oder in dieselbe Gemeinschaft geführt hätte. Falls daraus Zuneigung wächst – das geschieht natürlich nicht immer –, gehen ihnen allmählich die Augen auf. Indem ich «den alten So-und-so» lieb gewinne, einfach, weil er nun einmal da ist, entdecke ich mit der Zeit, dass eigentlich «etwas an ihm ist». Wenn man zum ersten Mal aufrichtig sagt, dass «er mir zwar nicht liegt», aber dass er «auf seine Art» ein feiner Kerl sei, ist das wie eine Befreiung. Das merken wir vielleicht gar nicht. Wir kommen uns nur tolerant und nachsichtig vor. Aber in Wirklichkeit haben wir eine Grenze überschritten. Jenes «auf seine Art» bedeutet, dass wir über unsere persönliche Eigenart hinaus Güte oder Intelligenz an sich schätzen lernen, nicht nur die Güte und Intelligenz, die nach unserem Geschmack gewürzt und serviert sind.

Jemand hat einmal gesagt: «Katzen und Hunde sollten immer gemeinsam aufgezogen werden; das weitet ihren Horizont.» Den unseren weitet die Zuneigung. Unter allen natürlichen Liebesarten ist sie die umfassendste, die am wenigsten heikle, die offenste. So gesehen sind die Leute, mit denen man in der Familie, in der Schule, in der Offiziersmesse, auf dem Schiff, im Kloster zusammengerät, ein weiterer Kreis als noch so viele Freunde, die man sich in der ganzen Welt selbst gesucht hat. Wer viele Freunde hat, beweist damit nicht, dass er ein offenes Herz für Menschen aller Art hat. Ich kann ja auch nicht die Weite meines literarischen Geschmacks damit beweisen, dass ich alle Bücher mag, die in meinen Regalen stehen. In beiden Fällen ist die Antwort die gleiche: «Du hast diese Bücher ausgesucht. Du hast deine Freunde gewählt. Klar, dass sie dir zusagen!» Einen wirklich weiten literarischen Geschmack hat jener Mann, der fähig ist, unter den 1-Euro-Büchern des Antiquariats etwas für seine Bedürfnisse zu finden. Und wer einen «weitherzigen Geschmack» für Menschen hat, versteht auch im Querschnitt der Menschen, denen wir täglich begegnen, etwas Liebenswertes zu finden. Nach meiner Erfahrung ist es die Zuneigung, die diesen Geschmack weckt, indem sie uns auf die Leute, die nun einmal da sind, aufmerksam macht: Zuerst bemerken wir sie einfach, wir lassen sie leben, dann lächeln wir sie an, freuen uns über sie und schätzen sie schließlich. Für uns geschaffen? Gott sei Dank nicht. Sie sind sie selbst, seltsamer, als wir uns vorstellen konnten, und viel wertvoller, als wir ahnten.

Und damit nähern wir uns der Gefahrenzone. Ich habe gesagt, Zuneigung ziere sich nicht; Liebe, sagt Paulus, bläht sich nicht auf. Zuneigung kann das Unscheinbare lieben; Gott und seine Heiligen lieben, was nicht liebenswert ist. Zuneigung «erwartet nicht zu viel», drückt vor Fehlern ein Auge zu, erholt sich rasch von Streitigkeiten; so auch die Liebe: Sie ist langmütig, freundlich und verzeiht. Zuneigung öffnet uns die Augen für Werte, die wir ohne sie nicht erkannt oder geschätzt hätten; so auch die demütige Heiligkeit. Wenn wir bei diesen Ähnlichkeiten stehen bleiben, könnten wir denken, diese Zuneigung sei nicht einfach eine natürliche Art der Liebe, sondern die göttliche Liebe selbst, die in unseren Herzen wirke und das Gesetz erfülle. Hatten die viktorianischen Romanschreiber am Ende doch recht? Ist Liebe (dieser Art) tatsächlich genug? Ist das «traute Heim» in seiner schönsten und vollsten Entfaltung identisch mit dem Leben in Christus? Die Antwort auf all diese Fragen ist – denke ich – gewiss ein Nein.

Damit meine ich nicht bloß, dass jene Schriftsteller oft geschrieben haben, als hätten sie nie gehört, was in der Bibel steht: «Wenn jemand nicht seine Mutter, sein Weib … sein eigenes Leben hasst …» Das stimmt natürlich auch. Ein Christ darf nie die Rivalität zwischen allen natürlichen Liebesarten und der Liebe zu Gott vergessen. Gott ist der große Rivale, das letzte Ziel menschlicher Eifersucht. Seine Schönheit, schrecklich wie die der Gorgonen[22], könnte mir jederzeit das Herz meiner Frau, meines Mannes, meines Kindes stehlen – jedenfalls kommt es mir wie ein Diebstahl vor. Daher die Bitterkeit manchen Unglaubens, auch wenn er im Gewand des Antiklerikalismus oder der Abneigung gegen alles Übernatürliche daherkommt. Aber im Augenblick denke ich nicht an jene Rivalität. Wir werden uns in einem späteren Kapitel damit befassen müssen. Unser jetziges Thema ist viel bodenständiger.

Wie viele solche «trauten Heime» gibt es in Wirklichkeit? Noch schlimmer: Sind alle unglücklichen Familien deshalb unglücklich, weil es in ihnen an Zuneigung fehlt? Ich glaube nicht. Sie kann sogar am Unglück schuld sein. Fast alle Eigenarten dieser Liebe sind ambivalent. Sie können sich gut oder schlecht auswirken. Ihrer Eigengesetzlichkeit überlassen, kann Zuneigung das Menschenleben verdüstern und entwürdigen. Die Schlechtmacher und Anti-Sentimentalen haben nicht die ganze Wahrheit über sie gesagt; aber alles, was sie gesagt haben, ist wahr.

Ein Symptom dafür sind vielleicht viele Schlager: Die schmalzigen Melodien und zuckersüßen Verse, mit denen Zuneigung ausgedrückt wird, sind widerwärtig, weil sie falsch sind. Sie preisen als fixfertiges Rezept für das Glück (oder gar für das Gute) an, was genau genommen nur eine Gelegenheit dafür ist. Keine Andeutung davon, dass wir etwas dazu beitragen müssen: Lass dich von der Zuneigung überrieseln wie von einer warmen Dusche, «und alles, alles wird wieder gut».

Zuneigung, so haben wir gesehen, schließt sowohl bedürftige wie schenkende Liebe ein. Ich beginne mit der bedürftigen: mit unserem Verlangen nach der Zuneigung anderer.

Es gibt eine Erklärung dafür, warum gerade dieses Verlangen, verglichen mit anderen Liebesarten, besonders leicht zur unvernünftigen Forderung wird. Ich habe gesagt, dass fast jeder Mensch ein Objekt der Zuneigung werden kann – und fast jeder erwartet das auch. Der monströse Mr. Pontifex in «Der Weg allen Fleisches»[23] ist empört, als er entdeckt, dass ihn sein Sohn nicht liebt; es sei «unnatürlich», dass ein Junge seinen Vater nicht liebe. Es fällt ihm überhaupt nicht ein zu fragen, ob er all die Jahre, seit der Junge denken kann, je etwas gesagt oder getan hat, was Liebe wecken könnte. Ähnlich wird am Anfang des «König Lear» der Held als ein wenig liebenswerter alter Mann gezeigt, verzehrt von einem rasenden Hunger nach Zuneigung. Ich greife zu Beispielen aus der Literatur, weil Sie, verehrter Leser, und ich nicht in derselben Nachbarschaft wohnen; sonst hätte ich leider keine Mühe, die literarischen durch Beispiele aus dem wirklichen Leben zu ersetzen. Diese sind uns täglich vor Augen. Und wir sehen, warum. Wir wissen alle, dass wir etwas tun müssen, um erotische Liebe oder eine Freundschaft zu erwerben; wir müssen sie zwar nicht verdienen, aber doch wenigstens auf uns lenken. Aber von der Zuneigung nimmt man oft an, sie werde uns von der Natur fix und fertig «eingebaut», «installiert», «gratis ins Haus geliefert». Wir hätten ein Recht darauf. Wenn andere uns nicht mögen, so sind sie «unnatürlich».

Das ist ohne Zweifel eine Verdrehung der Wahrheit. Vieles ist wirklich «eingebaut». Weil wir zur Gattung der Säuger gehören, ist durch den Instinkt ein gewisses Maß, oft ein sehr hohes, an Mutterliebe gewährleistet. Weil wir soziale Wesen sind, schafft die vertraute Umgebung im Familienverband ein Milieu, in dem, wenn alles gut geht, Zuneigung gedeiht und wächst, ohne von ihren Objekten besonders überragende Qualitäten zu fordern. Wenn wir Zuneigung bekommen, dann nicht unbedingt, weil wir sie verdient hätten; wir erhalten sie in der Regel recht mühelos. Mr. Pontifex hat eine schwache Ahnung von dieser Wahrheit – dass nämlich viele mit einer Zuneigung geliebt werden, die ihr Verdienst weit übertrifft – und zieht daraus den lächerlichen Schluss: «Darum habe ich ein Recht auf Zuneigung, ohne sie zu verdienen.»

Auf einer weit höheren Ebene sähe diese Folgerung dann etwa so aus: «Kein Mensch hat aufgrund seiner Verdienste ein Recht auf die Gnade Gottes; darum habe ich, weil ich ohne Verdienst bin, einen Anspruch darauf.» In beiden Fällen kann von Rechten nicht die Rede sein. Wir haben kein «Recht auf Zuneigung», aber wir haben meistens recht, wenn wir annehmen, dass uns unsere Angehörigen lieben, falls wir – und sie – einigermaßen normale Leute sind.

Aber vielleicht sind wir das nicht. Vielleicht sind wir unausstehlich. Dann arbeitet die Natur gegen uns. Denn genau wie in der vertrauten Atmosphäre die Zuneigung gedeiht, gedeiht auch – ebenso natürlich – eine besonders zähe Abneigung, ein Hass so alt, so dauerhaft, so unauffällig, zu Zeiten fast unbewusst, wie die entsprechende Form der Liebe. Dem Siegfried in der Oper war, solange er zurückdenken konnte, jedes «Stehn, Gangeln und Gehn, Knicken und Nicken, mit den Augen Zwicken» seines zwergenhaften Ziehvaters widerwärtig. Niemals ertappen wir diese Art von Hass, so wenig wie die Zuneigung, im Augenblick des Entstehens. Er ist immer schon da. Man beachte, dass «alt» ein Ausdruck sowohl des müden Abscheus wie der Zuneigung ist: «die gleichen alten Tricks», «das alte Lied», «immer die alte Geschichte».

Es wäre unsinnig zu behaupten, König Lear kenne keine Liebe. Zuneigung ist auch bedürftige Liebe – und er ist halb verrückt davon. Wenn er seine Töchter nicht auf seine Weise lieben würde, begehrte er nicht so verzweifelt nach ihrer Liebe. Auch bitterwenig liebenswerte Eltern (oder Kinder) können von solch gieriger Liebe erfüllt sein. Aber sie selbst ernten nur Unglück davon, und alle anderen auch. Eine solche Situation ist zum Ersticken.

Es gibt Leute, die an sich schon nicht liebenswert sind und dauernd Zuneigung von uns fordern (weil sie meinen, ein Recht darauf zu haben) – sie tragen ihre Verletztheit zur Schau, erheben ständig Vorwürfe, laut und aufbegehrend oder nur in Blicken und Gesten, sind nachtragend und voller Selbstmitleid. Damit wecken sie in uns Schuldgefühle für einen Fehler, den wir nicht vermeiden konnten und auch in Zukunft machen müssen, und bringen so die Quelle, nach der sie dürsten, selbst zum Versiegen. Wenn sich in uns je in einem glücklichen Augenblick ein Keim von Zuneigung für sie regt, werden wir durch ihr unersättliches Fordern gleich wieder versteinert. Und natürlich wollen solche Leute immer den gleichen Liebesbeweis von uns: Wir sollen auf ihrer Seite stehen, zuhören und zustimmen, wenn sie über eine Drittperson klagen. «Wenn mich mein Junge wirklich liebte, würde er auch sehen, wie selbstsüchtig sein Vater ist … Wenn mein Bruder mich liebte, würde er in dieser Situation zu mir halten … Wenn du mich liebtest, würdest du nicht zulassen, dass ich so behandelt werde …»

Und dabei bleibt ihnen der richtige Weg immer verborgen. «Willst du geliebt werden, so sei liebenswert», hat Ovid[24] gesagt. Dieser leichtfertige alte Taugenichts meinte damit nur: «Willst du ein Mädchen verführen, so musst du verführerisch sein.» Aber seine Maxime hat einen weiteren Anwendungsbereich. Der Liebhaber war zu seiner Zeit anscheinend weiser als Mr. Pontifex und König Lear.

Dass die Unliebenswerten ihre unersättlichen Forderungen manchmal vergeblich stellen, liegt auf der Hand. Das wirklich Überraschende ist, dass ihnen so häufig entsprochen wird. Manchmal kann man beobachten, wie eine Frau ihre Mädchenzeit, ihre Jugend und lange Jahre der Reife bis an die Schwelle des Alters ganz damit verbringt, einer vampirhaften Mutter zu gehorchen, sie zu umsorgen, zu hätscheln und vielleicht auch zu erhalten – und diese bekommt nie genug davon. Das Opfer mag – darüber sind die Meinungen geteilt – edel sein; die erpresserische alte Frau ist es bestimmt nicht.

Weil die Zuneigung «eingebaut» und unverdient ist, ist dieses schlimme Missverständnis möglich. Ein anderes erwächst aus ihrem zwanglosen, informalen Charakter.

Man hört viele Klagen über die Unhöflichkeit der heranwachsenden Generation. Ich selbst gehöre nicht mehr zu den Jungen, und vielleicht erwartet man von mir, dass ich mich auf die Seite der Älteren stelle. Aber mich haben die schlechten Manieren von Eltern gegenüber ihren Kindern viel stärker beeindruckt als solche von Kindern gegen ihre Eltern. Wer wäre noch nie der verlegene Gast an einem Familientisch gewesen, wo Vater oder Mutter ihre erwachsenen Kinder mit einer Unhöflichkeit behandelten, die im Umgang mit anderen jungen Leuten einfach das Ende der Bekanntschaft bedeutet hätte? Sie stellen Behauptungen auf, von denen sie im Gegensatz zu ihren Kindern nichts verstehen, fallen ihnen ins Wort, widersprechen ihnen ins Gesicht, ziehen Dinge ins Lächerliche, die die Jungen ernst nehmen – zum Beispiel die Religion –, machen beleidigende Anspielungen auf die Freunde ... Und dann klagen sie: «Warum gehen sie immer aus? Warum sind sie lieber in jedem anderen Haus als hier, zu Hause?» Die Antwort fällt nicht schwer: Wer zieht nicht Freundlichkeit der groben Unhöflichkeit vor?

Fragte man diese unausstehlichen Leute – selbstverständlich sind nicht nur Eltern so –, warum sie sich zu Hause derart aufführen, sie würden sagen: «Ach, zum Kuckuck, man kommt schließlich heim, um sich zu entspannen. Man kann nicht immer Männchen machen. Wenn man nicht einmal zu Hause man selbst sein darf, wo denn sonst? Wir wollen daheim doch keine Förmlichkeiten. Wir sind eine glückliche Familie. Wir können einander *alles* sagen. Keiner nimmt es krumm. Wir verstehen uns.»

Wieder einmal kommt das der Wahrheit ziemlich nahe und ist doch so heillos falsch. Zuneigung ist tatsächlich eine Sache von alten Klamotten, von Zwanglosigkeit und Sich-gehen-Lassen, von Freiheiten, die einem Fremden gegenüber ungezogen wären. Doch alte Klamotten sind ein Ding; ein anderes wäre es, dasselbe Hemd zu tragen, bis es stinkt. Für eine Sommer-Party soll man sich passend kleiden; aber auch die Kleider für das Zuhause müssen auf ihre Weise passen. Ein ähnlicher Unterschied besteht zwischen öffentlicher und häuslicher Höflichkeit. Beide wurzeln in demselben Grundsatz: «Keiner soll sich selbst an die erste Stelle setzen.» Je öffentlicher der Anlass, umso konventioneller und formeller das Verhalten, das diesem Grundsatz folgt. Es gibt «Regeln» für gutes Benehmen. Je vertraulicher der Anlass, umso geringer die Förmlichkeit; aber Höflichkeit ist darum nicht weniger nötig. Im Gegenteil: Die Höflichkeit der Zuneigung ist unvergleichlich viel zarter, feinfühliger und tiefer als die öffentliche. In der Öffentlichkeit genügt das Zeremoniell. Daheim braucht es die Wirklichkeit, die hinter jenem Zeremoniell steht, wenn nicht der nackte Egoismus alles übertönen soll.

Man darf sich wirklich nicht selbst an die erste Stelle setzen. An einer Party genügt es, den Egoismus zu verbergen. Daher das alte Sprichwort: «Wohn mit mir und lern mich kennen.» Erst die vertraulichen Umgangsformen eines Menschen verraten den wahren Wert seiner «guten Manieren» in Gesellschaft. Wer seine Manieren abstreift, wenn er vom Tanz oder von der Abendgesellschaft nach Hause kommt, war auch dort nicht wirklich höflich. Er hat bloß die Höflichen nachgeäfft.

«Wir können einander *alles* sagen.» Dahinter steckt die Wahrheit, dass Zuneigung in ihrer schönsten und höchsten Form alles sagen kann, was sie zu sagen wünscht, ohne Rücksicht auf die Regeln der öffentlichen Höflichkeit. Denn schönste, höchste Zuneigung wünscht weder zu verletzen noch zu demütigen noch zu herrschen. Du kannst die Frau deines Herzens mit «Ferkel» anreden, wenn sie aus Versehen dein Glas austrinkt. Du kannst deinen Vater schallend auslachen, wenn er zum hundertsten Mal dieselbe Geschichte erzählt. Du kannst den anderen foppen, hänseln, auf den Arm nehmen. Du kannst sagen: «Maul halten. Ich will lesen.» Alles kannst du tun – im rechten Ton und zur rechten Zeit; denn so willst und wirst du nicht verletzen.

Jede Liebe hat ihre eigene Kunst. Je tiefer, echter die Zuneigung, umso sicherer beherrscht sie diese. Doch der Grobian zu Hause meint etwas ganz anderes, wenn er sich die Freiheit nimmt, «alles» sagen zu dürfen. Er selbst empfindet eine sehr unvollkommene Zuneigung, im Moment vielleicht gar keine. Aber er maßt sich jene Freiheiten an, die der vollsten Zuneigung vorbehalten sind und die nur sie beherrscht. Er macht Gebrauch von ihnen, zänkisch in seiner Gereiztheit oder rücksichtslos in seiner Selbstsucht oder bestenfalls plump, weil er die Kunst nicht beherrscht. Und dabei mag er vielleicht sogar ein reines Gewissen haben. Weiß er doch, dass sich die Zuneigung Freiheiten herausnimmt. Also (so folgert er) zeigt er Zuneigung. Nimm ihm ja nichts übel! Sonst sagt er dir, dass es dir an Liebe fehlt. Er ist verletzt. Er fühlt sich missverstanden.

Manchmal rächt er sich dann, indem er sich aufs hohe Ross setzt und betont «höflich» wird. Das soll natürlich heißen: «Ach so! Ich bin dir zu nahe getreten? Wir sollen bloß wie Bekannte miteinander verkehren? Ich hab zwar gehofft … aber mir solls recht sein. Ganz wie du willst.» Das zeigt wunderbar den Unterschied zwischen häuslicher und formeller Höflichkeit. Was für die eine völlig passend ist, kann gegen die andere verstoßen. Wer sich lässig und vertraulich gibt, wenn er einem bedeutenden Unbekannten vorgestellt wird, zeigt schlechtes Benehmen; formelle und zeremonielle Höflichkeit daheim («offizielles Getue an Orten der Ruhe») sind schlechtes Benehmen – mit Absicht.

In *Tristram Shandy* gibt es ein köstliches Beispiel für wirklich gute häusliche Manieren: In einem hervorragend unpassenden Augenblick hat Onkel Toby wieder einmal einen Vortrag gehalten über sein Lieblingsthema, das Festungswesen. «Mein Vater» kann es dieses Mal nicht mehr aushalten und fällt ihm heftig ins Wort. Dann sieht er das Gesicht seines Bruders: Toby, die Gutmütigkeit in Person, ist tief verletzt, nicht weil er sich persönlich beleidigt fühlt – so etwas käme ihm nie in den Sinn –, sondern weil die edle Kunst missachtet wurde. «Mein Vater» bereut sofort. Es folgt eine Entschuldigung und die völlige Versöhnung. Und um zu zeigen, dass er ganz verziehen hat, um zu beweisen, dass es ihm nicht um seine Würde geht, setzt Onkel Toby seinen Vortrag über das Festungswesen fort.

Aber wir haben das Thema «Eifersucht» noch nicht berührt. Ich nehme an, dass jetzt keiner mehr denkt, Eifersucht habe nur mit erotischer Liebe zu tun. Wer es dennoch glaubt, den wird das Verhalten von Kindern, Angestellten und Haustieren bald eines Besseren belehren. Jede Art von Liebe, fast jede Art von Beziehung ist für Eifersucht anfällig. In der Zuneigung ist sie eng verknüpft mit der Anhänglichkeit ans Alte und Vertraute und mit der Tatsache, dass Zuneigung wenig oder nichts mit «wertschätzender Liebe» zu tun hat. Wir wollen nicht, dass die «alten Freunde» klüger oder schöner werden, dass sich das Altgewohnte ändert – und sei es zum Bessern –, dass die alten Sprüche und Lieblingsthemen durch aufregende Neuigkeiten abgelöst werden. Jede Veränderung ist eine Bedrohung für die Zuneigung.

Ein Bruder und eine Schwester – oder zwei Brüder, das Geschlecht spielt dabei keine Rolle – haben bis zu einem gewissen Alter alles miteinander geteilt. Sie haben dieselben Indianergeschichten gelesen, sind in dieselben Bäume geklettert, sind gemeinsam Piraten und Piloten gewesen, haben Briefmarken gesammelt und miteinander das Sammeln aufgegeben. Dann geschieht etwas Entsetzliches: Einer von ihnen bricht aus – entdeckt Dichtung oder Technik oder klassische Musik, oder er erfährt eine religiöse Bekehrung. Das neue Interesse durchströmt sein ganzes Leben. Der andere kann es nicht teilen; er bleibt zurück. Ich glaube, nicht einmal die Untreue von Gattin oder Gatte weckt ein elenderes Gefühl der Verlassenheit oder eine wildere Eifersucht. Noch ist es nicht Eifersucht auf die neuen Freunde, die der Treulose bald gewinnen wird. Das steht noch aus. Zunächst ist es Eifersucht auf die Sache selbst – auf diese Technik, diese Musik, auf Gott (in diesem Zusammenhang heißt das meist «Religion» oder «dieser ganze fromme Plunder»).

Die Eifersucht findet ihren Ausdruck häufig im Spott. Das neue Interesse ist «lauter dummes Zeug», fürchterlich kindisch (oder fürchterlich erwachsen), oder der Treulose ist gar nicht wirklich daran interessiert – er macht sich nur wichtig; er gibt an; es ist lauter Getue. Bald werden ihm die Bücher versteckt, das Material zum Experimentieren wird zerstört, das klassische Radioprogramm gewaltsam abgedreht. Denn Zuneigung ist die instinktivste und in diesem Sinne animalischste Liebesart; darum ist ihre Eifersucht entsprechend wild. Sie faucht und fletscht die Zähne wie ein Hund, dem man seinen Knochen entrissen hat. Und warum auch nicht? Man hat dem Kind, das ich hier schildere, die Nahrung seines bisherigen Lebens, sein zweites Ich entrissen. Seine Welt liegt in Trümmern.

Aber nicht nur Kinder reagieren so. Im gewöhnlichen Leben eines friedlichen, zivilisierten Landes gibt es kaum etwas so Teuflisches wie die Bosheit, mit der sich eine ganze ungläubige Familie auf das einzige Mitglied, das Christ geworden ist, stürzt oder eine ungebildete Familie auf den einen, der ein Intellektueller zu werden droht. Früher meinte ich, das sei einfach der angeborene und sozusagen «reine» Hass der Finsternis gegen das Licht. Aber das stimmt nicht. Eine kirchliche Familie, in der jemand Atheist geworden ist, benimmt sich manchmal genauso. Es ist die Reaktion auf einen Treuebruch, ja, auf einen Raub. Man hat uns «unseren» Jungen (oder «unser» Mädchen) gestohlen. Er gehörte zu uns, und jetzt gehört er zu denen. Wer hat ein Recht, so etwas zu tun? Er gehört *uns*. Und es hat ja erst angefangen; wer weiß, wo das noch endet? (Dabei waren wir doch alle so glücklich und zufrieden und meinten es nur gut miteinander!)

Manchmal wird eine merkwürdige doppelte Eifersucht empfunden. Oder besser: Es sind zwei widersprüchliche Eifersüchte, die sich in dem Geplagten gegenseitig im Kreise jagen. Einerseits: «Das ist doch alles Unsinn, nichts als verdammter, verstiegener Unsinn, lauter heuchlerischer Quatsch.» Doch andererseits: «Angenommen – aber das kann, das darf nicht sein –, aber nehmen wir einmal an, es wäre etwas dran.» Angenommen, es wäre tatsächlich etwas dran, an der Literatur oder am Christentum. Wie, wenn der Treulose tatsächlich eine neue Welt betreten hätte, von der wir übrigen nie etwas geahnt haben? Wie ungerecht! Warum gerade er? Warum sind wir davon ausgeschlossen? «So ein freches Ding! So ein neunmalkluger Grünschnabel! Dem sollten sich Dinge offenbaren, die seinen Eltern verborgen blieben?» Und da so etwas einfach unglaublich und unerträglich wäre, kehrt die Eifersucht zur Hypothese «lauter Unsinn» zurück.

Eltern haben in dieser Lage eine bessere Position als Geschwister. Ihre Vergangenheit ist den Kindern unbekannt. Was der Ausbrecher auch neu entdeckt haben mag, sie können behaupten, da seien sie selber auch einmal hindurchgegangen und am anderen Ende wieder herausgekommen. «Es ist eine Phase», sagen sie, «das geht vorbei, wie es gekommen ist.» Diese Erklärung ist wunderbar. Man kann sie im Augenblick nicht widerlegen, denn sie bezieht sich auf die Zukunft. Sie sticht, und doch kann man sie – so nachsichtig geäußert – kaum übel nehmen. Und vielleicht glauben es die Eltern sogar selbst. Im besten Falle haben sie am Ende gar noch recht. Wenn nicht – ihr Fehler ist es ja nie.

«Junge, Junge, deine Ausschweifungen werden deiner Mutter noch das Herz brechen.» Dieser typisch viktorianische Mahnruf mag oft wahr gewesen sein. Die Zuneigung wurde bitter verletzt, wenn ein Familienmitglied vom heimischen Ethos abfiel, wenn einer spielte, trank oder ein Verhältnis mit einer Tänzerin hatte. Leider kann man das Herz seiner Mutter fast ebenso leicht brechen, indem man sich über das heimische *Ethos* erhebt. Die Zuneigung hält zäh am Alten fest; das wirkt sich in beiden Richtungen aus. Es gibt auch eine häusliche Version jener selbstmörderischen nationalen Bildungsstrategie, die ein vielversprechendes Kind zurückhält, weil die Faulpelze und Dummköpfe sich zurückgesetzt fühlen könnten, wenn man es – wie undemokratisch! – in eine höhere Klasse als sie befördern würde.

All diese Verirrungen hängen hauptsächlich mit dem bedürftigen Charakter der Zuneigung zusammen. Aber auch als schenkende Liebe hat die Zuneigung ihre Perversionen.

Ich denke dabei an Frau Ohneruh, die vor einigen Monaten gestorben ist. Es ist wirklich erstaunlich, wie ihre Familie seither auflebt. Vom Gesicht ihres Mannes ist der gequälte Ausdruck verschwunden; er kann sogar wieder lachen. Der kleine Junge, den ich immer für ein unzufriedenes, quengeliges Geschöpf hielt, erweist sich als recht menschlich. Der Ältere, der früher fast nur zum Schlafen heimkam, ist jetzt meistens zu Hause und hat begonnen, den Garten umzugestalten. Das Mädchen, von dem es immer hieß, es sei «zart» (ich habe nie herausgefunden, was ihr eigentlich fehlte), nimmt jetzt die Reitstunden, die früher einfach nicht infrage kamen, tanzt die Nächte durch und spielt Tennis nach Herzenslust. Sogar der Hund, der immer nur an der Leine ausgeführt worden war, ist jetzt ein bekanntes Mitglied des Laternenpfahl-Vereins jener Straße.

Frau Ohneruh sagte oft, sie lebe nur für ihre Familie. Und das war nicht unrichtig. Die ganze Nachbarschaft wusste es. «Sie lebt nur für ihre Familie», hieß es, «was für eine Gattin und Mutter!» Sie besorgte die ganze Wäsche selbst. Zugegeben, sie machte es schlecht, und sie hätten es sich leisten können, die Wäsche wegzugeben, und oft bat man sie auch, doch nicht alles selber zu machen. Aber sie tat es trotzdem. Immer gab es für jeden, der zu Hause war, ein warmes Mittagessen und immer ein warmes Abendbrot (sogar im Hochsommer). Man flehte sie an, etwas Einfacheres aufzutischen. Man versicherte fast mit Tränen in den Augen (und zwar aufrichtig), dass man auch kalte Mahlzeiten möge. Alles vergebens. Sie lebte nun einmal für ihre Familie. Kam einer nachts spät nach Hause, blieb sie immer auf zum «Gute Nacht»-Wünschen, auch wenn es zwei oder drei Uhr früh war, es machte keinen Unterschied. Immer erwartete einen das zarte, blasse, müde Gesicht wie ein stummer Vorwurf. Darum konnte man natürlich nicht sehr oft ausgehen, das durfte man ihr doch nicht zumuten.

Sie war auch immer mit irgendwelchen Handarbeiten beschäftigt. Nach ihrem eigenen Urteil (ich selber kann dazu nichts sagen) war sie eine vorzügliche Hobbyschneiderin und -strickerin. Und selbstverständlich wollte man kein herzloser Rohling sein und musste die Sachen tragen. (Der Pfarrer hat mir erzählt, dass seit dem Tod dieser Frau die Familie mehr Material zu seinen Wohltätigkeitsbasaren beigesteuert hätte als alle übrigen Gemeindeglieder zusammen.)

Und dann die Sorge um die Gesundheit ihrer Lieben! Die ganze Last der «Zartheit» ihrer Tochter trug sie allein. Der Arzt – er war ein alter Hausfreund und durfte nicht über die staatliche Krankenversicherung bezahlt werden – bekam nie Gelegenheit, sich mit seiner Patientin zu besprechen. Kaum hatte er sie flüchtig untersucht, so führte ihn die Mutter in ein anderes Zimmer. Das Mädchen sollte sich nicht um ihre Gesundheit sorgen und durfte keine Verantwortung dafür übernehmen. Lauter umsorgende Liebe, Zärtlichkeiten, besonderes Essen, scheußliche Kraftweine, Frühstück im Bett.

Frau Ohneruh bestand darauf, sich für die Ihren «bis auf die Knochen zu schinden», wie sie oft sagte. Es gab kein Halten.

Und da ihre Angehörigen anständige Leute waren, konnten sie auch nicht einfach still sitzen und ihr dabei zusehen. Sie mussten helfen. Und es gab wirklich immer etwas zu helfen. Das heißt, sie nahmen ihr Arbeit ab, um ihr zu helfen, damit sie Arbeiten verrichten konnte, die sie gar nicht getan haben wollten.

Was den guten Hund betraf, so galt er ihr «genauso viel wie eins der Kinder». Tatsächlich war er auch – soweit es in ihrer Macht lag – wie ein Kind. Aber weil er keine Skrupel hatte, kam er eher besser davon. Und wenn er auch die Kuren, Diäten und Spezialbehandlungen nur mit knapper Not lebend überstand, so gelang es ihm doch ab und zu, zum Abfalleimer oder zum Nachbarhund zu entrinnen.

Der Pfarrer sagt, Frau Ohneruh habe jetzt Ruhe gefunden. Hoffen wir es. Ganz sicher hat es ihre Familie.

Es ist offensichtlich, dass die Tendenz zu einem solchen Verhalten dem Mutter-Instinkt sozusagen angeboren ist. Dieser ist, wie wir gesehen haben, eine schenkende Liebe, aber eine, der das Schenken Bedürfnis ist, die also jemanden braucht, der sie braucht. Doch das eigentliche Ziel des Schenkens ist, dass der Beschenkte weiterkommt und schließlich unsere Gabe nicht mehr braucht. Wir füttern die Kinder, damit sie bald selbst essen lernen. Wir lehren sie, damit sie unseren Unterricht bald nicht mehr nötig haben. Auf der schenkenden Liebe lastet ein schwerer Auftrag: Sie muss auf ihre eigene Abdankung hinarbeiten. Wir müssen anstreben, uns selbst überflüssig zu machen. Eines Tages werden wir sagen können: «Sie brauchen mich nicht mehr» – das sollte unser Lohn sein.

Doch der Instinkt hat in sich selbst nicht die Kraft, dieses Gesetz zu erfüllen. Der Instinkt will zwar das Gute für sein Objekt; aber nur das Gute, das er selbst geben kann. Eine viel höhere Liebe – eine Liebe, die das Wohl ihres Objektes will, egal, aus welcher Quelle dieses Wohl fließt – muss dem Instinkt zu Hilfe kommen, muss ihn zähmen, damit er die Abdankung zu leisten vermag. Oft geschieht das auch. Wo nicht, da befriedigt sich das gierige Verlangen, gebraucht zu werden, indem es entweder seine Objekte in der Bedürftigkeit festhält oder neue Bedürfnisse für sie erfindet. Dieser Instinkt lebt sich umso skrupelloser aus, als er sich (in einem gewissen Sinne zu Recht) für eine schenkende Liebe und daher für «selbstlos» hält.

Nicht nur Mütter können so sein. All die anderen Zuneigungen, die jemanden brauchen, der sie braucht – ob sie nun Spielformen des Elterninstinktes seien oder ob sie eine ähnliche Funktion erfüllen –, können in die gleiche Grube fallen. Die Zuneigung des Beschützers zum Schützling ist eine Form davon. In Jane Austens[25] Roman ist es Emmas Wille, dass Harriet Smith glücklich wird; aber glücklich in dem Sinn, wie Emma es für sie plant. Mein eigener Beruf – der eines Hochschuldozenten – ist in dieser Hinsicht gefährlich. Wenn wir etwas taugen wollen, müssen wir immer auf den Augenblick hinarbeiten, da unsere Studenten imstande sind, unsere Kritiker und Rivalen zu werden.

Wir sollten hocherfreut sein, wenn er kommt, so wie der Fechtmeister sich freut, wenn ihn sein Schüler stechen und entwaffnen kann. Und viele freuen sich wirklich.

Aber nicht alle. Ich bin alt genug, um mich an den traurigen Fall von Dr. Quartz zu erinnern. Keine Universität konnte sich eines tüchtigeren und hingebungsvolleren Lehrers rühmen. Er widmete sich ganz und gar seinen Studenten. Auf fast alle machte er einen unauslöschlichen Eindruck. Er erntete viel wohlverdiente Bewunderung. Es war nur natürlich und hocherfreulich, dass seine Verehrer ihn weiterhin besuchten, auch als sie nicht mehr seine Studenten waren. Sie verbrachten den einen oder anderen Abend in seinem Haus und führten erstklassige Diskussionen. Seltsamerweise waren diese Kontakte nie von Dauer. Früher oder später – manchmal schon nach wenigen Monaten oder Wochen – kam der unglückselige Abend, wo sie anklopften und Bescheid erhielten, der Herr Professor habe keine Zeit. Von da an hatte er nie mehr Zeit. Sie waren unwiderruflich von ihm abgewiesen. Der Grund: Sie hatten bei ihrem letzten Treffen rebelliert. Sie hatten ihre Unabhängigkeit behauptet, waren anderer Ansicht gewesen als ihr Lehrer und hatten ihren Standpunkt, vielleicht nicht ohne Erfolg, verteidigt. Sooft sich Dr. Quartz jener Selbständigkeit gegenübersah, die er selbst mit Mühe herbeigeführt hatte (wie es seine Pflicht war), konnte er sie nicht ertragen. Wotan hatte sich gemüht, den freien Siegfried zu schaffen; als ihm der freie Siegfried gegenübertrat, zürnte er. Dr. Quartz war ein unglücklicher Mensch.

Dieses entsetzliche Bedürfnis, gebraucht zu werden, findet häufig ein Ventil im Verwöhnen eines Tieres. Wenn wir erfahren, dass jemand «tierliebend» sei, so sagt uns das noch sehr wenig. Es gibt nämlich zwei Arten von Tierliebe. Einerseits ist das höhere und domestizierte Tier sozusagen eine «Brücke» zwischen uns und der übrigen Natur. Wir alle empfinden gelegentlich die Kluft zwischen uns und der übrigen Schöpfung als etwas Schmerzliches – die Verkümmerung des Instinktes, weil unsere Intelligenz dominiert, das übermäßige Bewusstsein unserer selbst, die Komplexität unserer Verhältnisse, die Unfähigkeit, in der Gegenwart zu leben. Wenn wir doch das alles abschütteln könnten!

Wir sollen – und können – nicht zu einem Tier werden. Aber wir können *mit* einem Tier sein. Es ist Person genug, um dem Worte «mit» eine echte Bedeutung zu geben; und doch bleibt es weitgehend ein Bündelchen unbewusster biologischer Triebe. Mit drei Beinen steht es im Reich der Natur und mit einem in unserer Welt. Es ist ein Bindeglied, ein Botschafter.

Wer möchte nicht, wie Bosanquet[26] es ausgedrückt hat, «einen Vertreter am Hofe Pans» haben? Mensch mit Hund schließt eine Kluft im All.

Doch leider werden Tiere auch auf ganz andere Weise gebraucht. Wenn du einen brauchst, der dich braucht, und wenn deine Familie sich – mit Recht – weigert, dich zu brauchen, dann ist ein Schoßtier der nächstliegende Ersatz. Du kannst es ein Leben lang in Abhängigkeit halten. Du kannst es infantil machen, zur Invalidität verkümmern lassen, von allem echten tierischen Wohlleben fernhalten und es dafür entschädigen, indem du Verlangen nach zahllosen kleinen Genüssen weckst, die nur du befriedigen kannst. Das unglückliche Geschöpf wird dadurch für den Rest der Familie sehr nützlich; es übernimmt die Rolle einer Abfallgrube oder eines Abflussrohrs: Du bist viel zu sehr damit beschäftigt, deinen Hund zu verwöhnen, um die anderen mit deinem Verwöhnen belästigen zu können. Hunde eignen sich dafür besser als Katzen; ein Affe, sagte man mir, ist darin unübertrefflich. Und er ist uns noch dazu am ähnlichsten. Zugegeben, für das Tier ist das alles ein Unglück. Aber wahrscheinlich ist ihm das Unrecht, das ihm widerfährt, nicht voll bewusst. Und wenn schon – du wirst es nie erfahren. Wenn man einen Menschen, und sei er noch so geschunden, zum Äußersten treibt, kann er sich eines Tages umdrehen und dir eine schreckliche Wahrheit an den Kopf schleudern. Tiere können nicht reden.

Wer sagt: «Je besser ich die Menschen kenne, umso lieber werden mir die Hunde», wer vor den Ansprüchen menschlicher Gemeinschaft zu den Tieren flieht, der tut gut daran, seine wahren Motive zu überprüfen.

Hoffentlich werde ich nicht missverstanden. Wenn jemand nach diesem Kapitel daran zweifelt, dass das Fehlen von «natürlicher Zuneigung» schlimmste Verkommenheit bedeutet, dann habe ich mein Ziel verfehlt. Ich zweifle keinen Augenblick daran, dass wir der Zuneigung neunzig Prozent allen festen dauerhaften Glücks in unserem natürlichen Leben zu verdanken haben. Daher habe ich vollstes Verständnis für jene, die zu den letzten paar Seiten bemerken: «Aber ja, aber ja. So etwas kommt vor. Selbstsüchtige und neurotische Leute können alles, sogar Liebe in Gier und Elend verdrehen. Aber warum reitet er auf solchen Grenzfällen herum? Ein bisschen gesunder Menschenverstand, ein bisschen Geben und Nehmen verhindert das unter anständigen Leuten.» Aber ich glaube, dieser Kommentar ruft seinerseits nach einem Kommentar.

Erstens zum Begriff «neurotisch». Ich glaube, wir sehen nicht klarer, wenn wir all diese üblen Entstellungen der Zuneigung als krankhaft bezeichnen. Sicher, es gibt tatsächlich krankhafte Zustände, die es gewissen Leuten sehr schwer oder gar unmöglich machen, nicht so zu handeln. Solche Leute gehören unbedingt ins Sprechzimmer eines Arztes.

Aber ich glaube, jeder, der mit sich selbst ehrlich ist, wird zugeben, dass er diese Versuchungen schon gespürt hat. Sie sind an sich noch keine Krankheit. Oder dann heißt diese Krankheit «ein gefallener Mensch sein». Wenn gewöhnliche Leute solchen Versuchungen nachgeben – und wer gäbe nicht gelegentlich nach –, so ist das keine Krankheit, sondern Sünde. Geistliche Zurechtweisung hilft dabei mehr als ärztliche Behandlung. Die Medizin bemüht sich um die Wiederherstellung «natürlicher» Organe oder «normaler» Funktionen. Aber Gier, Selbstsucht, Einbildung und Selbstmitleid sind nicht im gleichen Sinne unnatürlich oder anormal wie Hornhautverkrümmung oder eine Wanderniere. Du meine Güte, wer würde denn einen Menschen, dem keiner dieser Fehler anhaftet, als natürlich oder normal bezeichnen? Allenfalls «natürlich» in einem ganz anderen Sinn: ur-natürlich, nicht gefallen. Es hat nur einen einzigen solchen Menschen gegeben. Und er hatte gar keine Ähnlichkeit mit dem Bild vom integrierten, ausgeglichenen, angepassten, glücklich verheirateten, arbeitsamen, beliebten Bürger, das uns die Psychologen vor Augen malen. Das kann man ja nicht «angepasst» nennen, wenn die Leute einem vorwerfen, man habe «einen Teufel im Leib», und einen schließlich nackt an einen Holzpfahl nageln.

Zweitens bestätigt jene Entgegnung in ihrer eigenen Sprache genau das, was ich zu sagen versuche. Zuneigung kann nur Glück schaffen, wenn gesunder Menschenverstand, ein Geben und Nehmen und «Anstand» da sind – sonst nicht. Mit anderen Worten, nur wenn zur Zuneigung etwas anderes, Größeres hinzukommt. Das Gefühl allein genügt nicht. Es braucht «gesunden Menschenverstand», das heißt: Vernunft. Es braucht ein Geben und Nehmen, das heißt: Gerechtigkeit, welche die Zuneigung immer wieder stimuliert, wenn sie verblasst, und zügelt, wenn sie die *Kunst* der Liebe vergisst oder missachten möchte. Es braucht «Anstand». Wir können es nicht verhehlen: Gefragt sind ein guter Charakter, Geduld, Selbstverleugnung, Demut und das beständige Eingreifen einer weit höheren Art von Liebe, als es Zuneigung an sich je sein kann. Eben darauf kommt es an. Wenn wir nur mit Zuneigung leben wollen, so verdirbt sie uns.

Wie sehr sie uns verdirbt, erkennen wir wohl selten. Ist es denn möglich, dass Frau Ohneruh überhaupt nicht merkte, wie viele Lasten und Frustrationen sie ihrer Familie aufbürdete? Es ist kaum anzunehmen. Sie wusste doch ganz genau, dass dir die Vorstellung, sie beim Nachhausekommen anzutreffen, bereits im Voraus den ganzen Abend verdarb: «für dich aufgeblieben», unnötig, aber voller Vorwürfe. Sie hielt an all diesen Gewohnheiten fest; sonst hätte sie ja einer Tatsache ins Auge blicken müssen, die sie nicht wahrhaben wollte: dass man sie nicht brauchte.

Und dann war es ja gerade die Mühseligkeit ihres Lebens, die die geheimen Zweifel an der Qualität ihrer Liebe zum Verstummen brachte. Je mehr die Füße brannten und der Rücken schmerzte, umso besser, denn diese Schmerzen flüsterten ihr ins Ohr: «Wie groß muss deine Liebe zu ihnen sein, dass du all dies tust!» Das ist das zweite Motiv.

Aber ich glaube, es geht noch tiefer. Die Undankbarkeit der anderen, jene schrecklichen, verletzenden Worte – alles kann eine Frau Ohneruh «verletzen» –, sie solle doch bitte die Wäsche weggeben, boten ihr Gelegenheit, sich missbraucht zu fühlen: So konnte sie einen ständigen Groll nähren und die Lust des Schmollens genießen. Wenn jemand behauptet, er kenne diese Lust nicht, so ist er ein Lügner oder ein Heiliger. Gewiss, das ist nur eine Lust für den, der hasst. Aber Liebe à la Frau Ohneruh enthält eben eine gehörige Menge Hass. Der römische Dichter sprach zwar von erotischer Liebe, als er sagte: «Ich lieb und hasse»; aber bei anderen Arten der Liebe kommt die gleiche Mischung vor. Sie tragen den Samen des Hasses in sich. Wenn Zuneigung ein Menschenleben völlig dominiert, keimt der Same. Wenn die Liebe zum Gott wird, wird sie zum Dämon.

III.

Freundschaft

Wer über Zuneigung oder Eros spricht,

findet bereitwillige Zuhörer. Ihre Bedeutung und Schönheit sind immer wieder hervorgehoben und fast überbetont worden. Sogar jene, die sie schlechtmachen wollen, leben in bewusster Reaktion gegen diese lobreiche Tradition und stehen insofern auch unter ihrem Einfluss. Aber sehr wenige Zeitgenossen halten die Freundschaft für eine Liebe von vergleichbarem Wert – oder überhaupt für eine Liebe. Ich erinnere mich an kein Gedicht seit *In Memoriam*[27] und an keinen Roman, der sie gefeiert hätte. Tristan und Isolde, Antonius und Kleopatra, Romeo und Julia finden in der modernen Literatur unzählige Gegenstücke; nicht so David und Jonathan, Pylades und Orest, Roland und Olivier, Amis und Amiloun[28].

In der Antike galt die Freundschaft als die glücklichste und menschenwürdigste aller Liebesarten, die Krone des Lebens und die Schule der Tugend. Aber die moderne Welt ignoriert sie völlig. Selbstverständlich braucht ein Mann neben Frau und Kindern ein paar «Freunde», räumen wir ein. Aber schon der Ton des Zugeständnisses und die Art von «Freundschaft», die wir damit meinen, zeigen deutlich, dass dabei von etwas die Rede ist, das sehr wenig mit der *philia* zu tun hat, die Aristoteles unter die Tugenden einreiht, oder mit der *amicitia*, über die Cicero ein Buch schrieb. «Freundschaft» ist etwas ganz am Rande, kein Hauptgang im Bankett des Lebens. Eine Zerstreuung, die die Lücken unserer Zeit ausfüllt. Wie ist es dazu gekommen?

Die erste und nächstliegende Antwort ist, dass wenige die Freundschaft schätzen, weil wenige sie erfahren. Man kann ganz gut ohne diese Erfahrung durchs Leben gehen: Gerade das unterscheidet die Freundschaft so scharf von den anderen beiden Liebesarten. Freundschaft ist – das ist keineswegs abschätzig gemeint – die am wenigsten «natürliche» Liebe, sie hat am wenigsten mit unseren Instinkten, unserer organischen und biologischen Struktur, unserem Herdentrieb zu tun; sie ist nicht notwendig. Sie macht unseren Nerven kaum zu schaffen; sie verschlägt dir nicht die Stimme, bereitet dir kein Herzklopfen, lässt dich weder erröten noch erblassen.

Sie spielt sich wesentlich zwischen Einzelnen ab. Sobald zwei Menschen Freundschaft schließen, haben sie sich auch schon in einem gewissen Maß miteinander von der Herde abgesetzt. Keiner von uns wäre ohne Eros gezeugt und ohne Zuneigung aufgezogen worden; aber ohne Freundschaft können wir leben und uns fortpflanzen. Die Menschheit braucht sie, biologisch betrachtet, nicht. Die Meute oder Herde – die Gemeinschaft – kann ihr sogar mit Abneigung und Misstrauen begegnen. Ihre Anführer jedenfalls tun es häufig. Schulvorsteher, Leiter religiöser Gemeinschaften, Oberste und Kapitäne schöpfen leicht Verdacht, wenn unter ihren Leuten in kleinen Gruppen enge und starke Freundschaften entstehen.

Diese (wenn man so will) «unnatürliche» Qualität der Freundschaft erklärt weitgehend, warum sie in der Antike und im Mittelalter gepriesen wurde, in unserer Zeit aber unter «ferner liefen» fungiert. Das Denken jener Epochen war zutiefst asketisch und weltentsagend. Natur, Gefühl und Leib wurden gefürchtet, weil sie eine Gefahr für die Seele waren, oder verachtet, weil sie den Menschen erniedrigten. Es ist logisch, dass jene Liebesart am höchsten geschätzt wurde, die am wenigsten von der Natur abhing oder ihr sogar zuwiderhandelte. Zuneigung und Eros hingen zu offenkundig mit unseren Nerven zusammen, verbanden uns zu offensichtlich mit den Tieren.

Man spürte, wie sie an den Eingeweiden zerrten und im Zwerchfell flatterten. Doch in der Freundschaft – in dieser stillen, lichten, vernünftigen Welt frei gewählter Beziehungen – ließ man all das hinter sich. Sie allein unter allen Liebesarten schien den Menschen zu den Göttern oder Engeln zu erheben.

Doch dann kam die Romantik, die Tränendrüsenliteratur, das «Zurück zur Natur» und die Verherrlichung der Gefühle, und hinterher jenes große Wühlen in den Emotionen, das – obgleich oft kritisiert – bis heute nicht aufgehört hat. Schließlich die Verherrlichung des Instinkts, der «dunklen Götter im Blut», deren Verfechter wohl kaum zu einer Freundschaft unter Männern fähig sind. Unter diesen neuen Voraussetzungen sprach alles gegen die Freundschaft, was vorher für sie gesprochen hatte. Sie brachte nicht genug rührselige Tränen, kindisches Lallen und Andenken hervor, um den Sentimentalen gefallen zu können. Sie bot zu wenig Blut und Bauch, um die Primitivlinge anzulocken. Sie sah dünn und bleichsüchtig aus, wie ein vegetarischer Ersatz für die fleischlicheren Liebesarten.

Andere Gründe kamen dazu. Für jene Leute – sie bilden heute die Mehrheit –, die im menschlichen Leben nur eine Weiterentwicklung und Komplizierung tierischen Lebens sehen, sind alle Verhaltensweisen verdächtig, die keinen Nachweis über einen tierischen Ursprung und einen Wert im Überlebenskampf erbringen können. Die Freundschaft kann in dieser Hinsicht nichts Befriedigendes vorweisen.

Auch eine Weltanschauung, die das Kollektiv höher schätzt als das Individuum, muss die Freundschaft notwendigerweise schlechtmachen. Denn Freundschaft ist eine Beziehung zwischen Menschen auf dem höchsten Stand der Individualität. Sie entzieht die Menschen dem kollektiven «Miteinander» ebenso sicher wie die Einsamkeit – und dazu noch auf gefährlichere Weise, denn sie nimmt sie gleich zu zweit und zu dritt in Beschlag. Manche Formen demokratischen Empfindens sind ihr von Natur aus feind, weil sie auswählt und eine Sache der Wenigen ist. Wer sagt: «Das sind meine Freunde», meint zugleich: «Jene sind es nicht.» Aus all diesen Gründen kann einer, der (wie ich) glaubt, dass die frühere Wertschätzung der Freundschaft die richtige war, darüber ein Kapitel nur als Rehabilitation schreiben.

Darum muss ich leider gleich mit einem lästigen Stück Arbeit beginnen: Entrümpelung. Es ist in unserer Zeit tatsächlich nötig geworden, die Theorie zu widerlegen, dass jede feste und ernsthafte Freundschaft im Grunde homosexuell sei.

Der gefährliche Begriff «im Grunde» ist hier bedeutsam. Die Behauptung, jede Freundschaft sei bewusst und gewollt homosexuell, wäre zu offensichtlich falsch. Diese superklugen Leute nehmen zu einem weniger fassbaren Vorwurf Zuflucht: Freundschaft sei «im Grunde» homosexuell – unbewusst, insgeheim, in einem verschlüsselten Sinn. Das kann zwar nicht bewiesen, aber natürlich auch nie widerlegt werden. Die Tatsache, dass im Verhalten zweier Freunde kein klarer Hinweis auf Homosexualität zu entdecken ist, bringt diese Neunmalklugen keineswegs aus der Fassung. «Das war zu erwarten», sagen sie bedeutungsvoll. Gerade das Fehlen eines solchen Hinweises dient ihnen als Beweis: Weil man keinen Rauch sieht, muss das Feuer sorgfältig versteckt sein. Gewiss – wenn überhaupt eins da ist. Aber zuerst müssen wir beweisen, dass ein Feuer vorhanden ist. Sonst gleichen wir dem Mann, der folgert: «Wenn auf jenem Stuhl eine unsichtbare Katze läge, sähe der Stuhl leer aus. Nun sieht der Stuhl leer aus; also liegt eine unsichtbare Katze darauf.»

Vielleicht lässt sich der Glaube an unsichtbare Katzen logisch nicht widerlegen, aber man kann daraus allerhand über seine Anhänger schließen. Wer sich Freundschaft nicht als eigenständige Liebe vorstellen kann, sondern nur als Verkleidung und Zerrform von Eros, verrät, dass er nie einen Freund gehabt hat. Wir anderen wissen, dass wir zwar für dieselbe Person erotische Liebe und Freundschaft empfinden können – und doch ist in einem gewissen Sinne nichts so verschieden von der Freundschaft wie die Verliebtheit. Liebende reden dauernd miteinander über ihre Liebe – Freunde kaum je über ihre Freundschaft. Liebende stehen sich gegenüber, ineinander versunken – Freunde stehen Seite an Seite, versunken in ein gemeinsames Anliegen. Und vor allem: Eros spielt sich (solange er dauert) notwendigerweise zwischen zwei Menschen ab. Eine Freundschaft dagegen ist nicht auf zwei beschränkt, ja, zwei sind nicht einmal am besten dran. Der Grund dafür ist einleuchtend.

Lamb[29] sagt irgendwo, wenn von drei Freunden (A, B und C) A sterben sollte, so verliere B nicht nur A, sondern auch «A's Anteil an C», während C nicht nur A verliere, sondern auch «A's Anteil an B». In jedem meiner Freunde steckt etwas, was nur irgendein anderer Freund voll zur Geltung bringen kann. Ich allein bin nicht umfassend genug, um den ganzen Mann in Bewegung zu setzen. Ich brauche noch andere Lichter als nur mein eigenes, damit alle seine Facetten aufleuchten. Jetzt, da Karl tot ist, werde ich nie wieder Rolands Reaktion auf einen typisch Karl'schen Witz erleben. Jetzt, da Karl nicht mehr unter uns ist, habe ich Roland «für mich allein»; aber ich habe nicht mehr von ihm, sondern weniger. Daher ist echte Freundschaft von allen Arten der Liebe am wenigsten eifersüchtig. Zwei Freunde sind hocherfreut, wenn sich ihnen ein dritter anschließt, und drei über den vierten, vorausgesetzt, der Neue ist fähig, ein echter Freund zu werden. Dann können sie mit den Seligen bei Dante sprechen: «Hier kommt einer, unsre Lieb' zu mehren.» Denn «teilen heißt nicht schmälern» in dieser Liebe.

Der Erweiterung des Kreises sind natürlich Grenzen gesetzt: Verwandte Seelen sind rar – nicht zu reden von den praktischen Rücksichten auf die Größe eines Zimmers und die Hörbarkeit der Stimmen. Aber innerhalb dieser Grenzen besitzen wir jeden Freund nicht weniger, sondern mehr, je größer die Zahl derer ist, mit denen wir ihn teilen.

Darin hat Freundschaft eine herrliche «Nähe der Ähnlichkeit» zum Himmel, wo gerade die Schar der Seligen (die kein Mensch zu zählen vermag) die Freude jedes Einzelnen an Gott vergrößert. Denn jede Seele, die Gott sieht, wird ihre einzigartige Vision den anderen mitteilen. Ein alter Dichter beobachtete, dass die Seraphim in Jesajas Vision das «Heilig, heilig, heilig» *einander zurufen* (Jesaja 6,3). Je mehr wir also das Brot des Himmels untereinander teilen, umso mehr erhält jeder Einzelne.

Daher erscheint mir die homosexuelle Theorie nicht einmal einleuchtend. Das soll nicht heißen, dass Freundschaft und anormaler Eros nie zusammen vorkommen. Manche Kulturen hatten offenbar eine Tendenz zu dieser Perversion. In kriegerischen Kulturen stahl sie sich wohl besonders leicht in die Beziehung zwischen dem reifen Kriegshelden und dem jungen Waffenträger oder Knappen ein. Dass keine Frauen da waren, wenn man im Feld stand, hatte ohne Zweifel etwas damit zu tun.

Wenn wir unterscheiden wollen – sofern das überhaupt nötig und möglich ist –, wo sich Homosexuelles eingeschlichen hat und wo nicht, dann müssen wir uns an Beweise halten (wenn es sie gibt) und nicht an vorgefasste Meinungen. Küsse, Tränen und Umarmungen sind noch keine Beweise für Homosexualität. Die Folgerungen wären allzu komisch. Hrothgar umarmt Beowulf, Johnson umarmt Boswell (ein recht offenkundig heterosexuelles Paar), bei Tacitus liegen die alten Raubeine von Zenturionen einander in den Armen und betteln um letzte Küsse, als die Legion aufgelöst wird … lauter Schwule? Wer das glaubt, kann alles glauben. Wenn wir die Geschichte im Überblick betrachten, braucht es natürlich nicht für die demonstrativen Freundschaftsgesten unserer Vorfahren eine Erklärung, sondern für die Tatsache, dass sie in unserer Gesellschaft fehlen. *Wir* sind aus dem Takt gefallen, nicht sie.

Ich habe gesagt, Freundschaft sei die am wenigsten biologische Art von Liebe. Der Einzelne und die Gemeinschaft können ohne sie überleben. Aber es gibt etwas anderes, was die Gemeinschaft braucht und was oft mit der Freundschaft verwechselt wird, etwas, was nicht Freundschaft ist, aber das Grundmuster dazu liefert.

In früheren Lebensgemeinschaften war die Zusammenarbeit der Männer als Jäger oder Kämpfer genauso lebenswichtig wie das Zeugen und Aufziehen der Kinder. Wenn ein Volksstamm am einen oder anderen kein Interesse gehabt hätte, wäre er bestimmt ausgestorben. Lange vor dem Beginn der Geschichte haben wir Männer uns zusammengefunden – ohne die Frauen – und haben bestimmte Dinge getan. Wir mussten. Und wenn man gerne tut, was man muss, ist man umso fähiger zu überleben. Wir mussten nicht nur Dinge tun, wir mussten auch darüber reden. Die Jagd und die Schlacht wollten geplant sein. Waren sie vorbei, mussten wir ein *post mortem* abhalten und Folgerungen für die Zukunft ziehen. Das taten wir sogar noch lieber. Wir lachten die Feiglinge und die Tölpel aus oder bestraften sie, wir priesen die Helden des Tages. Wir schwelgten in den technischen Einzelheiten («So wie der Wind stand, hätte er wissen müssen, dass er dem Biest nie nahe kommen würde …» «Ich hatte eben eine leichtere Pfeilspitze, verstehst du. Deshalb ist es geglückt …» «Ich hab es ja schon immer gesagt – …» «So habe ich ihn aufgespießt, siehst du? Genau wie ich diesen Stecken halte …»). Kurz: Wir fachsimpelten. Wir genossen das Zusammensein in vollen Zügen, wir, die Krieger, wir, die Jäger, verbunden durch gemeinsames Können, gemeinsame Gefahren und Strapazen, Witze, die nur wir Eingeweihten verstanden – weit weg von Frauen und Kindern.

Irgendein Witzbold hat gesagt, es sei ungeklärt, ob der Steinzeitmann einen *Club* (englisch für «Keule») auf der Schulter getragen habe, aber bestimmt habe er eine andere Art von Club gehabt. Wahrscheinlich gehörte der zu seiner Religion wie jener Raucherklub in Melvilles[30] *Typee,* wo die Eingeborenen jeden Abend ihres Lebens «urgemütlich» zusammensitzen.

Was taten unterdessen die Frauen? Wie soll ich das wissen? Ich bin ein Mann und habe nie die Geheimnisse der *Bona Dea* ausspioniert. Sicher hatten sie oft Rituale, von denen die Männer ausgeschlossen waren. Wo der Ackerbau in ihren Händen lag, teilten sie wahrscheinlich wie die Männer ihre Fertigkeiten, Mühen und Erfolge miteinander. Und doch war ihre Welt vielleicht nie so betont weiblich wie die ihrer Männer männlich. Die Kinder waren bei ihnen; vielleicht auch die Greise. Aber ich rate bloß. Ich kann die Frühgeschichte der Freundschaft nur in ihrer männlichen Linie zurückverfolgen.

Diese Freude an der Zusammenarbeit, am Fachsimpeln, die gegenseitige Achtung und das Einverständnis unter Männern, die einander in täglichen Bewährungsproben kennenlernen, ist biologisch wertvoll. Wer will, kann sie als Produkt des «Herdeninstinkts» betrachten. Mir scheint das ein Umweg, um etwas zu fassen, was wir alle viel besser verstehen, als man je das Wort «Instinkt» verstehen kann – etwas, was in diesem Augenblick in Dutzenden von Offiziersmessen, Bars, Lehrerzimmern, Vereinen und Golfklubs vorgeht. Ich spreche lieber von Kameradschaft – oder von Klubgeist.

Diese Kameradschaft ist jedoch erst das Grundmuster der Freundschaft. Oft nennt man sie Freundschaft und viele Leute, die von ihren «Freunden» reden, meinen nur Kameraden. Sie ist aber nicht Freundschaft, wie ich sie verstehe. Damit will ich den Klubgeist nicht etwa schlechtmachen. Wir machen Silber nicht schlecht, wenn wir es von Gold unterscheiden.

Freundschaft entsteht aus bloßer Kameradschaft, wenn zwei oder mehr Kameraden entdecken, dass sie eine Einsicht, ein Interesse oder auch einen Geschmack teilen, der anderen nichts bedeutet. Bis zu diesem Zeitpunkt glaubte jeder, er sei allein mit diesem Schatz (oder mit dieser Last). Typisch für eine beginnende Freundschaft wäre etwa der Satz: «Was? Auch du? Ich dachte, ich sei der Einzige!»

Wir können uns vorstellen, dass es unter jenen frühen Jägern und Kriegern Einzelne gab – alle hundert Jahre einen, oder gar nur alle tausend? –, die etwas sahen, was andere nicht sahen: dass Wild nicht nur essbar, sondern auch schön war; dass die Jagd nicht nur notwendig war, sondern auch Spaß machte; die träumten, dass die Götter nicht nur mächtig, sondern auch heilig seien. Aber solange jeder solch hellsichtige Mensch stirbt, ohne eine verwandte Seele gefunden zu haben, bleibt all das ohne Folgen (fürchte ich); Kunst, Sport oder geistige Religion werden nicht geboren. Wenn aber zwei solche Menschen einander entdecken, wenn sie ihre Vision miteinander teilen, sei es mit großen Schwierigkeiten und halbartikuliertem Stammeln, sei es mit verblüffendem und elliptischem Tempo – erst dann wird Freundschaft geboren. Und im selben Augenblick umgibt die beiden eine unermessliche Einsamkeit.

Liebende suchen das Heimliche. Freunde stellen diese Einsamkeit rund um sich fest, diese Schranke zwischen ihnen und der Herde, ob sie wollen oder nicht. Sie möchten sie gerne abbauen; die beiden Ersten wären froh, einen Dritten zu finden.

In unserer Zeit entsteht Freundschaft auf die gleiche Weise. Natürlich ist bei uns die gemeinsame Betätigung und die Kameradschaft, aus der die Freundschaft wächst, selten eine körperliche wie das Jagen oder das Kämpfen. Vielleicht ist es eine gemeinsame Religion, ein gemeinsames Studium, ein gemeinsamer Beruf oder auch eine gemeinsame Freizeitbeschäftigung. Alle Beteiligten sind unsere Kameraden; aber nur mit einem, zweien oder dreien teilen wir noch etwas anderes; das sind unsere Freunde. «Liebst du mich?» bedeutet in dieser Art von Liebe, wie Emerson[31] gesagt hat: «Erkennst du dieselbe Wahrheit?» Oder doch wenigstens: «Beschäftigt dich dieselbe Wahrheit?» Wer uns zustimmt, dass irgendeine von anderen kaum beachtete Frage höchst bedeutsam ist, kann unser Freund sein. Er braucht nicht einmal dieselbe Antwort auf die Frage zu haben wie wir.

So wiederholt also die Freundschaft auf der individuellen Ebene und weniger im Rahmen des sozial Notwendigen den Charakter der Kameradschaft, die ihr Grundmuster war. Die Kameradschaft bestand zwischen Leuten, die miteinander etwas taten – jagen, studieren, malen oder sonst etwas. Auch die Freunde tun etwas miteinander, aber es ist mehr nach innen gerichtet, weniger Allgemeingut, schwerer zu umschreiben. Auch sie sind Jäger, aber die Beute ist nicht materiell; auch sie arbeiten zusammen, aber an einem Werk, das die Welt nicht oder noch nicht beachtet; auch sie sind Reisegefährten, aber auf einer anderen Art von Reise. Darum stellen wir uns Liebende Auge in Auge vor, Freunde aber Seite an Seite; ihre Augen blicken nach vorn.

Deshalb können jene mitleiderweckenden Leute, die «einfach einen Freund brauchen», nie einen finden. Das ist es ja gerade: Wir können nur Freunde haben, wenn wir noch etwas anderes als Freunde haben wollen. «Erkennst du dieselbe Wahrheit?» Wo die ehrliche Antwort lauten würde: «Ich erkenne nichts, und die Wahrheit ist mir egal, aber ich will einen Freund», kann keine Freundschaft entstehen – Zuneigung natürlich schon. Eine solche Freundschaft hätte keinen Inhalt, und eine Freundschaft muss einen Inhalt haben, selbst wenn es nur eine Leidenschaft für Domino oder weiße Mäuse ist. Wer nichts hat, hat nichts zu teilen; wer kein Ziel hat, kann keine Reisegefährten haben.

Zwei Menschen entdecken, dass sie sich auf demselben geheimen Pfad befinden; sind sie verschiedenen Geschlechts, so wird die Freundschaft zwischen ihnen sehr leicht, vielleicht schon in der ersten halben Stunde, in erotische Liebe übergehen. Ja, das geschieht fast mit Sicherheit, wenn sie einander nicht körperlich zuwider sind und wenn nicht einer (oder beide) einen anderen liebt. Umgekehrt kann erotische Liebe zu einer Freundschaft der Liebenden führen. Aber das verwischt nicht den Unterschied zwischen Freundschaft und Eros, im Gegenteil: So wird er erst ins rechte Licht gerückt. Wenn ein Mensch, der zuerst im vollen, tiefen Sinn dein Freund war, sich allmählich oder plötzlich auch als Liebender entpuppt, dann wirst du seine erotische Liebe gewiss nicht mit einem Dritten teilen wollen. Aber du wirst überhaupt keine Eifersucht empfinden, wenn du seine Freundschaft mit anderen teilst. Nichts bereichert eine erotische Liebe so sehr wie die Entdeckung, dass die geliebte Person mit deinen bisherigen Freunden in eine tiefe, aufrichtige und spontane Freundschaft treten kann: Da sind nicht nur wir zwei, durch erotische Liebe vereint, da sind auch wir drei, vier oder fünf, alle unterwegs, mit demselben Anliegen, mit der gleichen Vision.

Die Koexistenz von Freundschaft und Eros verhilft vielleicht auch manchem modernen Menschen zur Erkenntnis, dass Freundschaft wirklich Liebe ist, so großartig wie Eros.

Nehmen wir einmal an, du hast das Glück, Freundschaft zu schließen, dich in den Freund bzw. die Freundin zu verlieben und ihn (sie) zu heiraten. Und nun stell dir vor, du müsstest zwischen zwei Wegen wählen: «*Entweder* hört ihr beide auf, Liebende zu sein, bleibt aber für immer verbunden als Suchende desselben Gottes, derselben Schönheit, derselben Wahrheit, *oder* ihr verliert all das, bewahrt aber zeitlebens die Leidenschaft und Glut, alles Staunen und wilde Begehren des Eros. Wählt, was euch gefällt!» Was würden wir wählen? Welche Wahl würden wir hinterher nicht bereuen?

Ich habe betont, Freundschaft sei «nicht notwendig», und das muss ich natürlich noch besser begründen.

Man könnte anführen, dass Freundschaften einen praktischen Wert für die Gemeinschaft haben. Jede zivilisierte Religion hat in einer kleinen Gruppe von Freunden begonnen. Die Mathematik gewann Bedeutung, als sich ein paar befreundete Griechen zusammentaten, um über Zahlen, Linien und Winkel zu reden. Die heutige *Royal Society*[32] bestand ursprünglich aus ein paar Herren, die sich in ihrer Freizeit trafen, um über Dinge zu diskutieren, für die sie – im Gegensatz zu den meisten Leuten – eine Schwäche hatten. Was wir heute «The Romantic Movement» nennen, begann damit, dass Herr Wordsworth und Herr Coleridge (besonders Letzterer) endlose Gespräche über ihre geheime Vision führten. Vielleicht kann man ohne große Übertreibung sagen, der Kommunismus, die Oxfordbewegung, der Methodismus, die Bewegung gegen die Sklaverei, die Reformation und die Renaissance hätten auch so begonnen.

Das hat etwas für sich. Aber fast jeder Leser wird einige dieser Bewegungen für nützlich, andere für schädlich halten. Wenn man die ganze Liste gelten lässt, zeigt sie bestenfalls, dass Freundschaft sowohl eine mögliche Gefahr wie ein möglicher Segen für die Gesellschaft sein kann. Auch wenn ihre

Wirkung positiv ist, hat sie ihren Wert nicht so sehr im Lebenskampf als im «Kulturellen». In der Sprache des Aristoteles: Sie hilft der Gesellschaft nicht zum Leben, sondern zum Wohlleben. Werte, die das Überleben sichern, und kulturelle Werte überschneiden sich manchmal, aber nicht immer.

Eins aber scheint gewiss: Wenn eine Freundschaft Früchte trägt, die für die Gesellschaft nützlich sind, dann kann das nur zufällig, unabsichtlich, als Nebenprodukt geschehen. Religionen, die mit einer sozialen Absicht geplant wurden, wie die römische Kaiserverehrung oder moderne Versuche, das Christentum an den Mann zu bringen, um «die Kultur zu retten», bringen nicht viel ein. Die kleinen Freundeskreise, die der «Welt» den Rücken kehren – sie sind es, die sie verwandeln. Die ägyptische und die babylonische Mathematik waren praktisch und sozial ausgerichtet, sie standen im Dienste der Landwirtschaft und der Magie. Für uns aber wurde die freie griechische Mathematik, das Hobby einiger Freunde, viel bedeutungsvoller.

Andere wieder machen geltend, dass Freundschaft für den Einzelnen äußerst nützlich, vielleicht sogar lebenswichtig sei. Sie können viele Stimmen für sich anführen: «Arm und bloß ist der Rücken ohne den Bruder dahinter», und: «Ein Freund steht näher als ein Bruder.» Doch wenn wir so reden, gebrauchen wir das Wort «Freund» im Sinne von «Verbündeter». Im gewöhnlichen Sprachgebrauch bedeutet «Freund» – hoffentlich – mehr als das.

Gewiss, ein Freund wird sich auch als ein Verbündeter bewähren, wenn wir einen Verbündeten brauchen. Er wird leihen oder schenken, wenn wir in Not sind, wird uns in Krankheit pflegen, wird vor unseren Feinden zu uns stehen, wird für unsere Witwen und Waisen tun, was in seiner Macht steht. Aber solche Dienste machen nicht das Wesen der Freundschaft aus. Sie werden eher als Unterbrechung empfunden.

Einerseits sind sie wichtig, andererseits belanglos. Wichtig sind sie, weil der ein falscher Freund wäre, der in solchen Nöten nicht helfen würde; belanglos sind sie, weil der Freund nur zufällig in die Rolle des Wohltäters schlüpft und sie ihm immer ein wenig fremd bleibt. Es ist fast ein bisschen peinlich. Denn die Freundschaft ist ganz anders als die Zuneigung: Sie braucht keinen, der sie braucht. Wir bedauern, dass ein Anlass bestand zum Geben oder Leihen oder für eine Nachtwache – aber jetzt wollen wir bitteschön nicht mehr daran denken und endlich wieder auf die Dinge zurückkommen, die wir so gerne miteinander tun oder diskutieren. Nicht einmal Dankbarkeit bereichert die Freundschaft. Das zur Formel gewordene *Don't mention it* («Nicht der Rede wert») drückt hier genau das aus, was wir empfinden. Das Merkmal echter Freundschaft besteht nicht darin, dass man einander hilft, wo Not am Manne ist (das versteht sich von selbst), sondern dass sich hernach überhaupt nichts ändert. Es war ein Zwischenfall, ein Ausnahmezustand, eine bedauerliche Verschwendung der ohnehin immer zu kurzen gemeinsamen Zeit. Vielleicht hatten wir nur ein paar Stunden, um miteinander zu reden, und da mussten wir, weiß Gott, zwanzig Minuten für «Geschäftliches» opfern!

Denn wir wollen doch von den «Geschäften» unseres Freundes gar nichts wissen. Freundschaft ist, im Gegensatz zu Eros, nicht neugierig. Jemand wird dein Freund, ohne dass du weißt oder danach fragst, ob er verheiratet oder ledig ist und wie er seinen Lebensunterhalt verdient. Was haben all diese «Nebensächlichkeiten», diese «platten Tatsachen» mit der eigentlichen Frage zu tun: «Erkennst du dieselbe Wahrheit?» Unter wahren Freunden ist jeder einfach der, der er ist; er steht für nichts anderes als für sich selbst. Keiner schert sich um Familie, Beruf, Klasse, Einkommen, Rasse oder Vorgeschichte der anderen. Natürlich erfährt man mit der Zeit das meiste. Aber beiläufig. Einzelheiten kommen nach und nach an den Tag, als Illustration oder Vergleich für einen Gedanken, als Aufhänger für eine Anekdote – nie als Selbstzweck. Freundschaft ist königlich. Wir begegnen einander wie souveräne Fürsten unabhängiger Staaten im Ausland, auf neutralem Boden, losgelöst von unserem Lebenszusammenhang. Die Freundesliebe ignoriert (ihrem Wesen nach) nicht nur unseren physischen Körper, sondern auch unsere ganze «Körperschaft», bestehend aus Familie, Beruf, Vergangenheit und Beziehungen. Zu Hause sind wir nicht bloß Hans oder Grete, wir haben auch eine Rolle, sind Mann oder Frau, Bruder oder Schwester, Vorgesetzter, Kollege oder Untergebener. Nicht so unter Freunden. Hier geht es um den herausgelösten, bloßgelegten Geist. Eros wünscht sich den entblößten Körper, Freundschaft die entblößte Persönlichkeit.

Daher (bitte missverstehen Sie mich nicht) die köstliche Willkür und Verantwortungslosigkeit dieser Liebe. Ich habe keine Verpflichtung, irgendjemandes Freund zu sein. Keine Ansprüche, nicht ein Hauch von Notwendigkeit. Freundschaft ist unnötig, wie die Philosophie, wie die Kunst, wie das Universum selbst (denn Gott hätte nichts zu erschaffen brauchen). Sie besitzt keinen Wert für den Lebenskampf; aber sie gehört zu jenen Dingen, die das Leben lebenswert machen.

Ich sagte, dass Freunde Seite an Seite oder Schulter an Schulter stehen, im Gegensatz zu Liebenden, die wir uns Auge in Auge vorstellen. Über diesen Gegensatz hinaus will ich das Bild nicht bemühen. Die gemeinsame Sache, die gemeinsame Vision, die die Freunde verbindet, nimmt sie nicht derart in Beschlag, dass sie einander übersehen oder vergessen würden. Im Gegenteil, das gemeinsame Anliegen ist der Raum, in dem ihre Liebe und das Wissen umeinander leben. Niemanden kennt man so gut wie den «Gefährten». Jeder Schritt der gemeinsamen Reise stellt ihn auf die Probe. Und diese Probe können wir sehr gut einschätzen, denn wir unterstehen ihr ja auch. Wenn der Gefährte sich bewährt, immer wieder, wächst unser Vertrauen, unsere Achtung, unsere Bewunderung, bis eine wertschätzende Liebe von einzigartiger Lebenskraft und Einsicht zu blühen beginnt. Wenn wir am Anfang mehr auf ihn und weniger auf das gemeinsame Anliegen geblickt hätten, so hätten wir ihn nicht so gut kennen und lieben gelernt. Den Krieger, den Dichter, den Philosophen oder den Christen entdeckt man nicht, wenn man ihm in die Augen starrt, als sei er die Geliebte. Kämpfe an seiner Seite, lies, diskutiere, bete mit ihm – das ist besser.

In einer vollkommenen Freundschaft ist diese wertschätzende Liebe oft so groß und so tief gegründet, dass jedes Glied des Kreises insgeheim beschämt vor den anderen dasteht. Manchmal fragt sich der Einzelne, was er da unter all diesen hervorragenden Leuten zu suchen habe. Er hat ganz unverdientes Glück, sich in solcher Gesellschaft zu befinden. Besonders, wenn die ganze Gruppe beieinander ist und jeder im anderen das Beste, Klügste oder Witzigste zum Klingen bringt. Das sind goldene Zeiten: Wenn vier oder fünf von uns nach einem anstrengenden Tagesmarsch den Gasthof erreicht haben, wenn wir, Pantoffeln an den Füßen, das Glas in Reichweite, die Beine dem Kaminfeuer entgegenstrecken, wenn sich uns Welten öffnen im Gespräch – und keiner erhebt Ansprüche, keiner ist für die anderen verantwortlich, alle sind wir frei und gleichgestellt, als seien wir uns vor einer Stunde zum ersten Mal begegnet, während uns gleichzeitig eine Zuneigung umfängt, die in Jahren gereift ist. Das Leben – das natürliche Leben – hält keine bessere Gabe bereit. Wer hätte sie verdient?

Aus dem Gesagten geht hervor, dass Freundschaften fast immer und überall zwischen Männern beziehungsweise unter Frauen zustande kommen. Die Geschlechter begegnen einander in Zuneigung und Eros, aber nicht in dieser Freundschaft.

Denn selten treffen sie sich in der Kameradschaft, die bei gemeinsamen Aktivitäten wächst und die Voraussetzung für eine Freundschaft schafft. Wo die Männer gebildet sind, aber die Frauen nicht, wo das eine Geschlecht arbeitet und das andere müßiggeht oder wo sie ganz verschiedene Arbeiten verrichten, da haben sie nichts Gemeinsames, was sie in Freundschaft verbinden könnte. Offensichtlich ist es dieser Mangel an Gelegenheit und nicht etwa ein Unterschied ihrer Wesensart, der die Freundschaft ausschließt. Denn wo sie Kameraden sind, können sie auch Freunde sein. Wo Männer und Frauen Seite an Seite arbeiten, wie etwa in meinem Beruf oder unter Missionaren, Schriftstellern und Künstlern, sind Freundschaften nichts Außergewöhnliches.

Gewiss: Wenn einer seine Freundschaft anbietet, kann sie auf der anderen Seite für Eros gehalten werden, und die Folgen sind schmerzhaft und peinlich. Oder was als gegenseitige Freundschaft beginnt, kann auch zu Eros werden. Aber dass man Freundschaft für Eros halten oder dass Freundschaft sich in Eros verwandeln kann, heißt nicht, dass zwischen beiden kein Unterschied besteht. Im Gegenteil: sonst könnten wir gar nicht von «Missverständnis» oder «Verwandlung» sprechen.

In gewisser Hinsicht ist unsere Gesellschaftsordnung nicht besonders glücklich. Eine Welt, in der Männer und Frauen nie zusammen arbeiten und getrennt erzogen werden, funktioniert vielleicht reibungslos. Da suchen eben Männer die Freundschaft ausschließlich mit Männern – und genießen sie sehr. Ich hoffe, dass die Frauen an den Freundschaften mit ihresgleichen ebenfalls Gefallen finden. Aber auch eine Welt, in der alle Männer und Frauen eine genügend breite Grundlage für Freundschaftsbeziehungen hätten, könnte sehr angenehm sein. Gegenwärtig sitzen wir zwischen Stuhl und Bank. In manchen Gruppen ist die Voraussetzung – eine genügend breite Grundlage der Begegnung – zwischen den Geschlechtern vorhanden, in anderen nicht. Besonders auffällig fehlt sie in vielen Vorortsiedlungen, in Villenvierteln: Wo die Männer ihr ganzes Leben mit Geldverdienen verbringen, entfalten wenigstens einzelne Frauen in ihrer Freizeit ein geistiges Leben, beschäftigen sich mit Musik oder Literatur. Dort wirken die Männer unter den Frauen wie Barbaren unter Gebildeten. In anderen Vierteln ist es genau umgekehrt. Zwar sind beide Geschlechter «zur Schule gegangen». Aber seither haben die Männer eine viel gründlichere Ausbildung erhalten. Sie sind Ärzte, Anwälte, Pfarrer, Architekten, Ingenieure oder Schriftsteller geworden. Die Frauen verhalten sich zu ihnen wie Kinder zu Erwachsenen. In beiden Vierteln ist echte Freundschaft zwischen den Geschlechtern sehr unwahrscheinlich. Das ist zwar eine Verarmung, aber sie wäre erträglich, wenn sie eingestanden und anerkannt würde. Das seltsame Problem unserer Zeit ist, dass sich Männer und Frauen in dieser Lage nicht zufriedengeben wollen. Sie haben eine Ahnung davon, dass es glückliche Kreise gibt, in denen kein solcher Abgrund zwischen den Geschlechtern klafft, und sie sind besessen von der Idee der Gleichheit: Was für Einzelne möglich ist, muss für alle möglich sein – und ist darum auch möglich.

So haben wir einerseits die «kultivierte» Dame, die ihren Mann ständig schulmeistert und versucht, ihn «auf ihr Niveau» zu heben. Sie schleppt ihn in Konzerte, will, dass er ein halbwegs passabler Tänzer wird, und lädt «gebildete» Leute ein. Oft schadet es überraschend wenig. Ein Mann in mittleren Jahren verfügt über eine bedeutende Kraft zu passivem Widerstand und Nachsicht (wenn sie das bloß wüsste!): «Frauen haben nun mal ihre Marotten.»

Etwas viel Schmerzlicheres geschieht, wenn die Männer gebildet sind und die Frauen nicht und wenn alle Frauen und viele Männer sich einfach weigern, diese Tatsache zu akzeptieren.

Wo das geschieht, begegnet uns ein gut gemeintes, höfliches, mühsames und erbärmliches «So tun als ob». Die Frauen sollen jetzt im männlichen Zirkel als vollwertige Mitglieder gelten. In der an sich unwichtigen Tatsache, dass sie jetzt wie Männer rauchen und trinken, scheinen einfache Gemüter den Beweis für diese Vollwertigkeit zu sehen. Reine Herrenabende sind verboten. Wo immer die Männer sich treffen, müssen die Frauen dabei sein. Die Männer haben gelernt, sich in der Welt der Gedanken zu bewegen. Sie verstehen es, Diskussionen zu führen, zu beweisen und zu erläutern. Aber da ist eine Frau: Sie ging zur Schule und heiratete. Das bisschen «Kultur», das sie hatte, blätterte ab; sie liest nur Frauenzeitschriften, ihre Konversation besteht darin, dass sie erzählt – sie kann in einem solchen Kreis den Zugang nicht finden. Sie ist zwar körperlich anwesend. Aber was heißt das schon? Wenn die Männer rücksichtslos sind, so sitzt sie da und hört gelangweilt und stumm einem Gespräch zu, das ihr nichts bedeutet. Sind sie besser erzogen, so versuchen sie natürlich, sie einzubeziehen. Man gibt ihr Erklärungen; man versucht, ihre unpassenden und ahnungslosen Bemerkungen in einen sinnvollen Beitrag umzubiegen. Aber die Bemühungen versanden bald, und die Diskussion, die hätte in Fahrt kommen können, wird um der guten Manieren willen absichtlich verwässert und verliert sich in Geschwätz, Anekdoten und Witzen.

Die Anwesenheit der Frau hat genau das zerstört, was man mit ihr teilen wollte. Sie kann nie wirklich in den Kreis eintreten, weil der Kreis aufhört, dieser Kreis zu sein, sobald sie ihn betritt – wie der Horizont nicht mehr Horizont ist, wenn man ihn erreicht. Bloß weil sie gelernt hat zu trinken, zu rauchen und gewagte Geschichten zu erzählen, ist sie den Männern nicht um eine Handbreit nähergekommen als ihre Großmutter.

Aber ihre Großmutter war viel glücklicher und auch realistischer. Sie blieb zu Hause und schwatzte mit anderen Frauen über Frauendinge, vielleicht mit sehr viel Charme, Herz und sogar Klugheit. Vielleicht könnte ihre Enkelin das auch. Vielleicht ist sie genauso klug wie die Männer, denen sie den Abend verdorben hat, oder klüger. Aber sie interessiert sich nicht wirklich für dieselben Dinge, und sie beherrscht nicht dieselbe Gesprächskunst. (Wir alle sind wie taube Nüsse, wenn wir ein Interesse an Dingen vortäuschen, die uns kalt lassen.)

Die Gegenwart solcher Frauen – es gibt sie zu Tausenden – ist mitverantwortlich für den Niedergang der Freundschaft in unserer Zeit. Oft ist ihr Sieg total. Sie verbannen die Kameradschaften und damit auch die Freundschaften unter Männern aus ganzen Stadtvierteln. In der einzigen Welt, die sie kennen, ersetzt eine endlos plätschernde «Geselligkeit» den geistigen Austausch. Alle Männer ihres Bekanntenkreises reden wie Frauen, wenn Frauen dabei sind.

Oft wird die Freundschaft ohne böse Absicht zerstört. Es gibt allerdings auch einen militanten Typ von Frauen, der den Sieg plant. Ich habe einmal eine solche Frau sagen hören: «Man darf nie zwei Männer beieinander sitzen lassen. Sonst fangen sie über irgendein *Thema* zu reden an, und dann ist es aus mit dem Vergnügen.» Sie hätte ihren Standpunkt nicht treffender formulieren können. Reden, ja, so viel man will. Je mehr, desto besser, ein unaufhörlicher Wasserfall menschlicher Stimmen. Aber bitte nur ja kein Thema. Das Gespräch darf auf keinen Fall einen Inhalt haben.

Diese lebenslustige Dame, munter, tüchtig, «charmant» – und unerträglich langweilig –, wollte sich jeden Abend nur amüsieren, wollte «Betrieb machen». Aber der bewusste Krieg gegen die Freundschaft wird auch auf einer tieferen Ebene geführt. Es gibt Frauen, die sie mit Hass, Neid und Furcht als den Feind des Eros und, vielleicht noch mehr, der Zuneigung betrachten. Eine Frau dieser Sorte kennt hundert Kniffe, die Freundschaften ihres Mannes zu zerstören: Sie fängt Streit an mit seinen Freunden oder noch besser mit deren Frauen. Sie spöttelt, lügt und baut Hindernisse auf, wo immer sie kann. Sie merkt nicht, dass ihr Mann nichts mehr wert ist, wenn sie ihn erfolgreich von seinesgleichen isoliert hat; sie entmannt ihn. Sie selbst wird sich seiner noch schämen. Sie merkt auch nicht, dass sich ein großer Teil seines Lebens an Orten abspielt, die sie nicht überwachen kann. Neue Freundschaften werden entstehen, aber diesmal im Geheimen. Sie hat – unverdientes – Glück, wenn nicht bald noch andere Geheimnisse dazukommen.

Natürlich sind jene Frauen von der einfältigen Sorte. Es sind die verständigen Frauen, die sich von der Welt der Diskussionen und Ideen fernhalten und sie nicht zu zerstören versuchen, wenn sie nichts davon verstehen. Obwohl gerade sie bestimmt fähig wären, den Zugang dazu zu finden. Sie haben ihre eigenen Interessen. In einer gemischten Gesellschaft sammeln sie sich am einen Ende des Zimmers und unterhalten sich über Frauendinge. Dafür brauchen sie uns so wenig wie wir sie. Nur minderwertige Figuren beider Geschlechter wollen dauernd aneinanderkleben. Leben und leben lassen. Oft machen sie sich über uns lustig; so soll es auch sein. Wo die Geschlechter keine wirklich gemeinsamen Tätigkeiten kennen und sich darum nur in Zuneigung und Eros, aber nicht in der Freundschaft begegnen können, da ist es nur gesund, dass jedes Geschlecht einen lebhaften Sinn für die Absurdität des anderen hat. Das ist überhaupt immer gesund. Jeder, der das andere Geschlecht schätzt, findet es zuzeiten auch komisch – genau wie man Kinder oder Tiere, die man liebt, manchmal komisch findet. Beide Geschlechter sind komisch. Die Menschheit ist tragikomisch. Die Aufteilung in Geschlechter ermöglicht es jedem, im anderen die Komik zu sehen, die ihm bei sich selbst oft entgeht – und auch das Pathos.

Ich habe Sie gewarnt, dass dieses Kapitel weitgehend eine Rehabilitationsschrift würde. Ich hoffe, die letzten Seiten haben klargemacht, warum ich zumindest begreifen kann, dass unsere Vorfahren die Freundschaft priesen: weil sie uns beinahe über das Menschliche hinaushebt. Diese Liebe – frei von Instinkten, frei von allen Verpflichtungen, außer jenen, die die Liebe aus freien Stücken auf sich nimmt, fast völlig frei von Eifersucht, frei vom Bedürfnis, gebraucht zu werden – ist in hohem Maße geistig. Es ist die Art von Liebe, die man sich unter Engeln vorstellen kann. Haben wir damit eine natürliche Liebe entdeckt, in der wir das Wesen der Liebe, die wahre Liebe fassen können?

Bevor wir voreilig einen solchen Schluss ziehen, wollen wir uns die Doppeldeutigkeit des Wortes «geistig» klarmachen. An vielen Stellen im Neuen Testament bedeutet es «zum (Heiligen) Geiste gehörend»; in diesem Zusammenhang ist das Geistige schon vom Begriff her gut. Nicht so, wenn «geistig» einfach das Gegenteil von körperlich, instinktiv oder tierisch bezeichnet. Es gibt geistig Böses und geistig Gutes. Es gibt unheilige und heilige Engel. Die ärgsten Sünden der Menschen sind geistig. Wir dürfen nicht meinen, weil Freundschaft etwas Geistiges ist, sei sie auch an sich schon heilig oder unfehlbar. Drei wichtige Tatsachen müssen wir dabei im Auge behalten. Da ist erstens, wie schon erwähnt, das Misstrauen der Vorgesetzten gegen enge Freundschaften zwischen ihren Untergebenen. Vielleicht ist es unberechtigt; aber es kann auch seine Gründe haben.

Zweitens: die Einstellung der Mehrheit gegenüber allen engen Freundeskreisen. Alle Namen, die solchen Kreisen aufgeklebt werden, sind mehr oder weniger abschätzig. Im besten Fall ist es ein «Verein»; man muss schon Glück haben, nicht «Clique», «Klüngel», «Geheimbund» oder «Klub zur gegenseitigen Beweihräucherung» genannt zu werden. Wer im eigenen Leben nur Zuneigung, Kameradschaft und Eros kennt, verdächtigt Freunde als «hochnäsige Eigenbrötler, die finden, sie seien zu gut für uns». Natürlich ist das die Stimme des Neides. Aber die Anklage des Neides ist immer der Wahrheit am nächsten: Das verletzt mehr. Darum muss eine solche Anklage ernst genommen werden. Schließlich müssen wir beachten, dass die Heilige Schrift die Liebe zwischen Gott und dem Menschen sehr selten mit dem Bild der Freundschaft darstellt. Es wird zwar nicht völlig außer Acht gelassen; aber wo die Schrift nach Symbolen für höchste Liebe sucht, übergeht sie die scheinbar fast engelhafte Freundschaft und taucht in die Tiefe der natürlichen und instinktiven Beziehungen: Gott als unser Vater, das ist das Bild der Zuneigung; Christus als der Bräutigam seiner Kirche, das ist das Symbol des Eros.

Beginnen wir mit dem Misstrauen der Vorgesetzten. Ich glaube, sie haben einen Grund dafür, der bei näherer Betrachtung etwas Wichtiges deutlich macht. Ich sagte, Freundschaft werde in dem Augenblick geboren, da einer zum anderen sagt: «Was, du auch? Ich dachte, ich sei der Einzige …» Aber der gemeinsame Geschmack, die gemeinsame Ansicht, die man so entdeckt, braucht nicht immer eine positive Sache zu sein. In solchen Augenblicken werden Kunst, Philosophie oder ein neuer Schritt in der Religion oder Moral geboren, gewiss. Aber warum nicht auch Folterung, Kannibalismus oder Menschenopfer?

Sicher haben die meisten von uns die Ambivalenz solcher Augenblicke in der eigenen Jugend erfahren. Es war wunderbar, zum ersten Mal jemandem zu begegnen, der unseren

Lieblingsdichter schätzte. Was wir zuvor kaum verstanden hatten, nahm jetzt klare Gestalt an. Wir hatten uns dessen beinahe geschämt; jetzt bekannten wir uns freimütig dazu. Aber es war genauso wunderbar, als wir jemanden trafen, der ein geheimes Laster mit uns teilte. Auch dieses wurde viel fassbarer und ausgeprägter; auch hier schämten wir uns nun nicht mehr. Noch jetzt, ohne Rücksicht auf unser Alter, kennen wir alle den gefährlichen Reiz eines geteilten Hasses oder Ärgers. (Es ist schwer, den einzigen anderen Schüler des Internats, der die Fehler des Rektors wirklich durchschaut, nicht als Freund zu begrüßen.)

Allein, unter Kollegen, die nicht wie ich empfinden, vertrete ich gewisse Meinungen und Maßstäbe nur verschämt; halb wage ich sie nicht einzugestehen, halb zweifle ich, ob sie am Ende richtig seien. Wenn ich aber unter meinen Freunden bin, brauche ich eine halbe Stunde oder nur zehn Minuten, bis dieselben Meinungen und Maßstäbe wieder unerschütterlich feststehen. Solange ich mich in diesem kleinen Kreis befinde, wiegt die in ihm herrschende Meinung die von tausend Außenseitern auf. Ist die Freundschaft stark genug, so hat sie diese Wirkung sogar, wenn meine Freunde weit weg sind. Denn wir alle möchten von unseresgleichen beurteilt werden, von Menschen «nach unserem Herzen». Nur sie verstehen uns wirklich, nur sie urteilen nach Maßstäben, die wir voll anerkennen. Ihr Lob begehren wir und ihren Tadel fürchten wir wirklich.

Die kleinen Zellen der frühen Christen überlebten, weil ihnen nur die Liebe der «Brüder» wichtig war und sie ihre Ohren verstopften vor der Meinung der heidnischen Gesellschaft um sie herum. Aber ein Kreis von Kriminellen, Käuzen oder Perversen überlebt auf die genau gleiche Weise: indem er sich taub stellt für die Meinung der Außenwelt, indem er diese als Geschwätz von Außenseitern, die «nichts verstehen», abtut, von «Moralaposteln», «Spießbürgern», «Etablierten», von Hochnäsigen, Prüden und Scheinheiligen.

Es leuchtet ein, warum Vorgesetzte Freundschaften ungern sehen. Jede echte Freundschaft ist eine Art Sezession – oder gar Rebellion. Vielleicht ist es die Rebellion von ernsthaften Denkern gegen die Oberflächlichkeit, die den Beifall aller hat – oder von Sonderlingen gegen das anerkannt Vernünftige; die Rebellion von echten Künstlern gegen die populäre Hässlichkeit – oder von Scharlatanen gegen den gebildeten Geschmack; die Rebellion von guten Menschen gegen die Bosheit der Gesellschaft – oder von bösen Menschen gegen das Gute.

So oder so, die Leute an der Spitze haben keine Freude daran. In jedem Klüngel von Freunden lebt eine partikularistische «öffentliche Meinung», die seine Mitglieder gegen die gängige öffentliche Meinung uneinnehmbar macht. Darum ist jeder Freundeskreis eine Zelle potenziellen Widerstands. Menschen mit echten Freunden sind weniger leicht zu beeinflussen; gute Vorgesetzte können sie weniger leicht korrigieren, schlechte können sie schwerer verderben. Wenn es also unseren Oberen gelingen sollte, eine Welt zu schaffen, in der es lauter Kameraden, aber keine Freunde gibt – sei es mit Gewalt, Propaganda («Schulterschluss»), oder indem sie einem Privatleben und unorganisierter Freizeit unauffällig entgegenwirken –, dann werden sie gewisse Gefahren ausschalten und uns außerdem den stärksten Schutzwall gegen völlige Versklavung rauben.

Freundschaften bergen tatsächlich reale Gefahren. Sie können (wie die Alten erkannten) Schulen der Tugend sein; aber auch (was sie nicht sahen) Schulen des Lasters. Sie sind ambivalent. Sie machen die Guten besser und die Schlechten schlimmer. Es wäre Zeitverschwendung, diesen Punkt weiter auszuführen. Unsere Aufgabe ist es nicht, die Schlechtigkeit schlechter Freundschaften anzuprangern, sondern die möglichen Gefahren in den guten bewusstzumachen. Diese Liebe ist – wie jede natürliche Liebe – anfällig für ganz bestimmte Schwächen.

Es ist offensichtlich, dass das Element der Absonderung, der Gleichgültigkeit oder Taubheit gegenüber den Stimmen der Außenwelt (wenigstens in gewissen Dingen) allen Freundschaften gemeinsam ist, seien sie gut, schlecht oder einfach harmlos. Selbst wenn die gemeinsame Grundlage der Freundschaft etwas so Unschuldiges ist wie Briefmarkensammeln, missachtet der Kreis immerhin unweigerlich – und mit Recht – die Ansicht von Millionen, die das für eine dumme Beschäftigung halten, und von Tausenden, die nur ein bisschen «gestümpert» haben. Die Begründer der Meteorologie haben unvermeidlich und mit Recht die Ansichten der Millionen missachtet, die Stürme immer noch für Hexenwerk hielten. Das ist ganz in Ordnung. Ich weiß wohl, dass ich für einen Kreis von Golfspielern, Mathematikern oder Autofahrern ein Außenseiter bin – genauso beanspruche ich für mich das Recht, sie als Außenseiter meines Kreises zu betrachten. Leute, die einander langweilen, sollten sich selten treffen; Leute, die einander interessieren, oft.

Die Gefahr liegt darin, dass die partielle Gleichgültigkeit oder Taubheit gegenüber fremden Meinungen, obwohl berechtigt und notwendig, zu vollständiger Gleichgültigkeit oder Taubheit führen kann. Die schlagendsten Beispiele dafür liefern nicht Freundeskreise, sondern theokratische oder aristokratische Klassen. Wir wissen, wie zur Zeit Jesu die Priester vom gemeinen Volk dachten. Die Ritter in Froissarts[33] «Chroniken» empfinden weder Mitleid noch Gnade für die «Außenseiter», die Gemeinen oder Bauern. Doch diese schlimme Gleichgültigkeit war eng mit einer guten Eigenschaft verflochten: Unter ihresgleichen hatten sie wirklich einen sehr hohen

Standard von Tapferkeit, Großzügigkeit, Höflichkeit und Ehre. Die misstrauischen und verschlossenen Gemeinen hätten solche Maßstäbe ganz einfach für dumm gehalten. Wenn die Ritter daran festhalten wollten, musste ihnen diese Meinung gleichgültig sein. Es war ihnen «völlig egal», was die Gemeinen dachten. Hätten sie darauf geachtet, so wären unsere heutigen Wertmaßstäbe um einiges ärmer und gröber. Aber diese Haltung einer Gesellschaftsschicht – «ist mir völlig egal» – kann zur Gewohnheit werden. Wenn man die Stimme des Bauern überhört, wo man sie überhören soll, liegt es nahe, sie auch dann zu überhören, wenn er um Gerechtigkeit oder Gnade schreit. Die partielle Taubheit, die edel und notwendig ist, begünstigt die vollständige Taubheit, die arrogant und unmenschlich ist.

Ein Freundeskreis kann die Außenwelt natürlich nicht so einschüchtern wie eine mächtige soziale Klasse. Aber auf seiner Stufe steht er in der gleichen Gefahr. Dann werden all jene, die in einer bestimmten Sache zu Recht «Außenseiter» sind, ganz allgemein (und abschätzig) so genannt. So kann ein Freundeskreis, wie eine Aristokratie, um sich herum ein Vakuum schaffen, das keine Stimme durchdringt.

Der literarische oder künstlerische Kreis, der sich ursprünglich über die Literatur- oder Kunstvorstellungen des gewöhnlichen Volkes hinwegsetzte – vielleicht zu Recht –, kann dazu kommen, sich auch über andere Vorstellungen des gewöhnlichen Volkes hinwegzusetzen: dass man seine Rechnungen bezahlen, die Fingernägel schneiden oder sich anständig aufführen soll. Alle Fehler eines solchen Kreises – unfehlbare gibt es nicht – werden dadurch unheilbar.

Aber das ist noch nicht alles. Die partielle und berechtigte Taubheit gründet auf irgendeiner Überlegenheit – und sei es auch nur eine überlegene Briefmarken-Kenntnis. Das Gefühl der Überlegenheit verbindet sich dann mit der totalen Taubheit. Jetzt werden Außenstehende von der Gruppe nicht nur ignoriert, sondern auch verachtet. Ja, der Kreis wird einer Klasse sehr ähnlich. Eine Clique ist eine selbst ernannte Aristokratie.

Ich habe oben gesagt, dass in einer guten Freundschaft jeder gegenüber den anderen Demut empfindet. Er sieht, wie großartig sie sind, und schätzt sich glücklich, zu ihnen zu gehören. Aber leider sind «sie» unter einem anderen Blickwinkel auch «wir». Und so ist es ein kleiner Schritt von der individuellen Demut zum Gruppenstolz.

Ich meine damit nicht einen gesellschaftlichen oder snobistischen Stolz, nämlich, wenn man es genießt, angesehene Leute zu kennen und bekannt zu sein als einer, der angesehene Leute kennt. Das steht auf einem anderen Blatt. Der Snob möchte sich einer Gruppe anschließen, weil man sie bereits für eine Elite hält. Freunde hingegen stehen in der Gefahr, sich selbst für eine Elite zu halten, weil sie sich bereits zusammengeschlossen haben. Wir suchen uns Menschen nach unserem Herzen um ihrer selbst willen und stellen plötzlich mit Schrecken oder Genugtuung fest, dass wir eine Aristokratie geworden sind. Nicht, dass wir uns so nennen würden. Jeder Leser, der weiß, was Freundschaft ist, spürt wohl den Drang, seinen eigenen Kreis hitzig zu verteidigen: Wie könnte er eine so absurde Schuld auf sich geladen haben! Auch ich empfinde so. Aber in solchen Dingen ist es besser, nicht bei sich selbst zu beginnen. Wie immer es mit uns steht – wir alle haben diese Tendenz in Kreisen beobachtet, für die wir Außenseiter sind.

Ich habe einmal an einer Art Konferenz teilgenommen, wo sich zwei Geistliche, offensichtlich eng befreundet, über «ungeschaffene Kräfte außerhalb von Gott» unterhielten. Ich fragte sie, wie es außer Gott etwas Ungeschaffenes geben könne, wenn das Glaubensbekenntnis ihn als den bezeichnet, «der alles geschaffen hat, Himmel und Erde, die sichtbare und die unsichtbare Welt». Ihre Antwort bestand darin, dass sie einen Blick tauschten und lachten.

Ich hatte nichts gegen ihr Lachen, aber ich wollte auch eine Erklärung in Worten haben. Es war durchaus kein spöttisches oder unfreundliches Lachen. Es brachte etwa zum Ausdruck: «Ist er nicht niedlich?» Es glich dem Lachen gut gelaunter Erwachsener, wenn ein *Enfant terrible* eine Frage stellt, die «man» nicht stellt. Man kann es sich kaum arglos genug vorstellen; es zeigte aber unmissverständlich, dass sich die beiden voll bewusst waren, dass sie auf einer höheren Ebene lebten als wir anderen und dass sie sich zu uns begaben wie Ritter zu den Gemeinen oder Erwachsene zu den Kindern.

Sehr wahrscheinlich hatten sie eine Antwort auf meine Frage und wussten, dass ich zu unwissend war, um ihr folgen zu können. Hätten sie sich wenigstens bequemt zu sagen: «Ich fürchte, eine Erklärung nähme zu viel Zeit in Anspruch», so würde ich ihrer Freundschaft nicht Stolz vorwerfen. Der Blick und das Lachen sind der springende Punkt. Sie machen das unverhohlene und selbstverständliche Überlegenheitsgefühl einer Gruppe sichtbar und hörbar. Da war fast völlige Arglosigkeit, da war überhaupt kein Wunsch spürbar, zu verletzen oder zu triumphieren (es waren nette junge Herren), aber das machte ihre olympische Haltung nur noch deutlicher. Ihr Gefühl der Überlegenheit war so unerschütterlich, dass sie es sich leisten konnten, tolerant, höflich und nachsichtig zu sein.

Dieses Überlegenheitsgefühl einer Gruppe ist nicht immer olympisch, das heißt ruhig und tolerant. Es kann auch titanisch sein: widerspenstig, militant und erbittert. Bei anderer Gelegenheit sprach ich vor einer studentischen Gesellschaft, und meinem Vortrag folgte (wie es sich gehört) eine Diskussion. Da griff mich ein junger Mann mit der Verbissenheit einer Ratte an, so dass ich ihm sagen musste: «Hören Sie, mein Lieber, in den letzten fünf Minuten haben Sie mich zweimal praktisch einen Lügner gescholten. Wenn Sie eine Frage der Kritik nicht ohne solche Ausfälle diskutieren können, muss ich diesen Saal verlassen.»

Ich erwartete, dass er nun entweder die Selbstbeherrschung verlieren und seine Beleidigungen verdoppeln oder erröten und sich entschuldigen würde. Das Verblüffende war, dass er keins von beidem tat. Der Ausdruck seines gewohnheitsmäßig verkrampften Gesichts änderte sich überhaupt nicht. Zwar nannte er mich nicht noch einmal einen Lügner; aber sonst fuhr er im gleichen Ton fort. Ich stieß auf einen eisernen Vorhang. Er hatte sich gegen das Risiko einer persönlichen Begegnung mit meinesgleichen, sei sie freundlich oder feindlich, abgesichert.

Dahinter steckte bestimmt ein Kreis von der titanischen Sorte – Tempelritter aus eigener Berufung, dauernd unter den Waffen, um ihr gefährdetes Heiligtum zu verteidigen. Wir – für sie sind wir «die anderen» – existieren überhaupt nicht als Personen. Wir sind Exemplare; Exemplare verschiedener Altersgruppen, Typen, Meinungsspektren, Interessen, welche es auszutilgen gilt. Wird ihnen eine Waffe genommen, greifen sie kaltblütig zur nächsten. Im gewöhnlichen, menschlichen Sinne begegnen sie uns gar nicht; sie führen lediglich eine Arbeit aus oder, wie sich einmal jemand ausdrückte, versprühen Insektizid.

Meine beiden netten Geistlichen und meine weniger nette «Ratte» standen intellektuell auf hoher Stufe. So auch jener berühmte Verein zu König Edwards Zeiten, der sich selbst in erhabenem Schwachsinn «The Souls» nannte. Aber auch eine Gruppe von viel gewöhnlicheren Freunden kann vom gleichen Gefühl der gemeinsamen Überlegenheit gepackt werden. Es wird dann auf derbere Weise zur Schau getragen. Wir haben das alle erlebt: in der Schule, wenn sich die «Alten» in der Gegenwart eines Neuen unterhielten; das Verhalten von zwei regulären Soldaten gegenüber einem «Neuling», der vorübergehend in ihre Truppe versetzt wurde; oder auch nur in einer Bar oder in einem Eisenbahnabteil, wo laute und ordinäre Freunde einfach die Unbekannten beeindrucken wollen. Solche Leute reden über intime Dinge in einer Sprache, die niemand versteht – damit man ihnen zuhört. Jeder, der nicht zu ihrem Kreis gehört, soll das auch zu spüren bekommen. Ja, die Freundschaft hat vielleicht keinen anderen Inhalt als diese Exklusivität. Im Gespräch mit Außenseitern macht sich jedes ihrer Mitglieder einen Spaß daraus, die anderen bei ihrem Vor- oder Spitznamen zu nennen – nicht obwohl, sondern weil der Außenseiter dann nicht versteht, wer gemeint ist.

Ein früherer Bekannter von mir stellte es noch raffinierter an. Er redete von seinen Freunden, als wären sie uns allen bekannt – oder sollten es sein. «Richard Knopf hat mir einmal gesagt …», so fing er an. Wir waren alle sehr jung. Wir wagten nicht zuzugeben, dass wir noch nie von Richard Knopf gehört hatten. Es schien so offensichtlich, dass der Name jedem, der etwas galt, ganz geläufig sein musste. «Wer ihn nicht kennt, beweist, dass er selbst ein Unbekannter ist.» Erst viel später merkten wir, dass keiner von ihm gehört hatte. (Heute hege ich sogar den Verdacht, dass es manche von diesen Leuten wie Richard Knopf, Hezekiah Cromwell und Eleanor Forsyth nie gegeben hat.) Aber etwa ein Jahr lang waren wir tief beeindruckt.

So können wir den Freundschaftsstolz – olympischen, titanischen oder bloß ordinären – in vielen Freundeskreisen feststellen. Es wäre voreilig anzunehmen, unser eigener sei vor dieser Gefahr sicher; denn natürlich erkennen wir sie dort zuletzt. Die Gefahr solchen Stolzes ist von Freundesliebe fast nicht zu trennen. Freundschaft muss ausschließen. Es ist ein kleiner Schritt vom unschuldigen und notwendigen Ausschluss zum Geist der Exklusivität. Mit einem zweiten Schritt ist man mitten in der hämischen Freude, andere auszuschließen. Und von da geht es schnell abwärts. Vielleicht werden wir nie titanisch oder ordinär. Vielleicht werden wir «Souls» – und das ist möglicherweise noch schlimmer. Die gemeinsame Vision, die uns ursprünglich zusammengeführt hat, kann völlig verblassen. Wir sind nur noch eine Clique mit dem Zweck, eine Clique zu sein; eine kleine, selbst ernannte (und darum absurde) Aristokratie, die sich im künstlichen Licht kollektiver Selbstgefälligkeit sonnt.

Manchmal beginnt sich ein solcher Kreis in die praktischen Geschäfte der Welt einzumischen. Er erweitert sich umsichtig, indem er Anwärter aufnimmt, die zwar mit dem ursprünglichen Anliegen wenig gemeinsam haben, aber (auf unbestimmte Weise) als «zuverlässige Leute» gelten. Er wird zu einer Macht im Lande. Mitgliedschaft in diesem Kreis bekommt eine Art politische Bedeutung, auch wenn es nur um die «Politik» eines Regiments, einer Schule oder einer Kirchgemeinde geht. Komitees werden manipuliert, einflussreiche Posten werden den «Vertrauensleuten» zugeschanzt, man macht gemeinsame Front gegen «die anderen» – das ist das Hauptanliegen geworden. Jene, die sich früher trafen, um über Gott oder Literatur zu reden, reden jetzt über Lehrstühle und den Lebensunterhalt. Es erwartet sie ein gerechtes Gericht: «Vom Staub bist du und zum Staub kehrst du zurück», sprach Gott zu Adam. Wenn ein Kreis zu einer Zunft von Ränkeschmieden entartet ist, wird aus der Freundschaft wieder die gewöhnliche Kameradschaft, die einst ihr Grundmuster bildete. Jetzt sind sie wieder wie eine primitive Jägerhorde. Und Jäger sind sie ja auch, aber nicht von der Sorte, die ich am höchsten achte.

Die große Masse der Leute, die nie ganz recht haben, hat auch nie ganz unrecht. Sie irren sich gewaltig, wenn sie meinen, jede Freundschaft sei nur entstanden, um Dünkel und Überheblichkeit zu pflegen. Sie täuschen sich sicher, wenn sie meinen, jede Freundschaft fröne diesem Laster. Aber sie scheinen recht zu haben, wenn sie den Stolz als die Gefahr herausstellen, für die Freundschaften von Natur aus anfällig sind. Gerade weil Freundschaft die geistigste Liebesart ist, ist auch die Gefahr, die sie bedroht, geistig. Freundschaft ist, wenn man will, sogar engelhaft. Aber wer das Brot der Engel essen will, braucht den dreifachen Schutz der Demut.

Vielleicht können wir jetzt eine Vermutung wagen, warum in der Heiligen Schrift die Freundschaft so selten als Bild für die höchste Liebe dient. Sie ist selbst zu geistig, um ein gutes Symbol für Geistiges herzugeben. «Das Höchste steht nicht ohne das Niedrigste.» Gott kann sich uns gefahrlos als Vater und Bräutigam darstellen; denn nur ein Verrückter käme auf die Idee, er sei unser leiblicher Vorfahre oder seine Hochzeit mit der Kirche sei anderer als mystischer Art. Wenn aber die Freundschaft als Symbol dienen würde, kämen wir in die Versuchung, das Symbol für die Sache selbst zu halten. Dadurch würde die Gefahr, die in ihr liegt, noch verschärft. Die Freundschaft weist zweifellos eine «Nähe der Ähnlichkeit» zum Leben in Gottes Reich auf – wir wären noch mehr versucht, sie für eine «Nähe im Suchen, der Annäherung» zu halten.

Freundschaft kann sich nicht selber retten, so wenig wie die anderen Arten natürlicher Liebe. Gerade weil sie geistig ist, steht sie einem subtileren Feind gegenüber. Sie muss noch mehr und mit aller Kraft um den göttlichen Schutz bitten, wenn sie gut bleiben soll. Wie schmal ist doch der rechte Weg! Sie darf nicht zu einem «Verein der gegenseitigen Beweihräucherung» werden; und doch ist sie überhaupt keine Freundschaft, wenn sie nicht erfüllt ist von gegenseitiger Bewunderung, von wertschätzender Liebe. Unser Leben wird erbärmlich und armselig, wenn es in unseren Freundschaften nicht so steht wie zwischen Christin und ihrer Gefährtin in Bunyans[34] «Pilgerreise»:

«Als die Frauen so geschmückt waren, waren sie ein Wunder eine für die andere, denn sie konnten die Herrlichkeit an sich selber nicht sehen, die eine jede an der andern sah. Daher fing jede an, die andere höher zu achten als sich selbst. Du bist schöner als ich, sagte die Eine; nein, Du bist herrlicher als ich, sprach die Andere.»[35]

Auf die Dauer gibt es nur eine einzige Möglichkeit, diese glanzvolle Erfahrung gefahrlos zu kosten. Bunyan hat sie an derselben Stelle angedeutet. Die beiden Frauen sahen einander in diesem Licht, nachdem sie im Hause des Auslegers gebadet, versiegelt und in frische «weiße Gewänder» gekleidet worden waren. Wenn wir dieses Baden, Versiegeln und Bekleiden nicht vergessen, sind wir außer Gefahr. Und je höher der gemeinsame Grund der Freundschaft liegt, desto notwendiger ist diese Erinnerung. Vor allem in einer ausgesprochen religiösen Freundschaft wäre es tödlich, dies zu vergessen.

Denn wir könnten ja denken, wir – wir vier oder fünf – hätten einander gewählt, wir hätten den Tiefblick gehabt für die Schönheit ineinander – gleich zu gleich, ein gewollter Adel; wir hätten uns aus eigenen Kräften über den Rest der Menschheit erhoben. Die anderen Liebesarten verführen nicht zu dieser Illusion. Zuneigung setzt offensichtlich Verwandtschaft oder wenigstens Nachbarschaft voraus, die wir nie selbst gewählt haben. Und was Eros betrifft, so redet die Hälfte aller Liebeslieder und Liebesgedichte der Welt davon, dass der geliebte Mensch dein Schicksal oder deine Bestimmung sei, dass Liebe über uns komme wie ein Donnerschlag, denn «Lieb und Hass sind nicht in deiner Hand». Cupidos Bogenkünste, Vererbung – alles, nur nicht wir selbst.

In der Freundschaft aber sind wir frei von all dem, da glauben wir, einander frei gewählt zu haben. Und doch – ein paar Jahre zwischen unseren Geburtsdaten, ein paar zusätzliche Kilometer zwischen unseren Wohnungen, eine andere Universität, die Versetzung in ein anderes Regiment, der Zufall, ob bei der ersten Begegnung ein bestimmtes Thema zur Sprache kommt oder nicht – irgendeiner dieser Umstände hätte genügt, um uns voneinander fernzuhalten.

Doch für einen Christen gibt es genau genommen keine Zufälle. Ein geheimer Zeremonienmeister ist am Werk: Christus, der zu seinen Jüngern gesagt hat: «Nicht ihr habt mich erwählt, sondern ich habe euch erwählt», kann gewiss zu jeder Gruppe von befreundeten Christen sprechen: «Nicht ihr habt einander ausgesucht, sondern ich habe euch füreinander ausgesucht.» Freundschaft ist keine Belohnung für unser feines Gespür und unseren guten Geschmack, einander zum Freund zu wählen. Sie ist das Werkzeug, mit dem Gott jedem die Schönheiten der anderen offenbart. Sie sind nicht außergewöhnlicher als die Schönheiten von tausend anderen Menschen; in der Freundschaft aber öffnet uns Gott die Augen für sie. Wie jede Schönheit stammen sie von ihm, und in einer guten Freundschaft werden sie von ihm erhöht. So gebraucht Gott die Freundschaft als Werkzeug des Schaffens und des Offenbarens. Er ist es, der an diesem Fest den Tisch bereitet, und er hat die Gäste geladen. Er nimmt, so hoffen wir, manchmal den ersten Platz ein – und er sollte ihn immer haben. Wir wollen die Rechnung nicht ohne den Wirt machen.

Nicht, dass wir immer mit feierlichem Ernst an dieser Tafel sitzen müssten. Gott bewahre – er, der das gute Lachen erschaffen hat! Es gehört zu den schwierigen und köstlichen Feinheiten des Lebens, dass wir gewisse Dinge mit tiefem Ernst wahrnehmen und doch die Kraft und den Willen aufbringen müssen, leicht wie im Spiel damit umzugehen. Aber das nächste Kapitel wird Gelegenheit geben, darüber mehr zu sagen. Vorläufig möchte ich nur Dunbars[36] wunderbar ausgewogenen Rat weitergeben:

> «Mensch, ehr' den Schöpfer und sei heiter,
> Kümmre Dich um die Welt nicht weiter.»[37]

IV.

Eros

Mit «Eros» meine ich natürlich den Zustand,

den wir «Verliebtheit» nennen. Manche Leser waren vielleicht überrascht, dass ich in einem früheren Kapitel die Zuneigung als die Liebesart bezeichnete, in der wir den Tieren am nächsten zu sein scheinen. Aber in unseren sexuellen Funktionen sind wir ihnen doch bestimmt ebenso nahe?, wird manch einer fragen. Für die menschliche Sexualität im Allgemeinen ist das sicher richtig. Aber ich habe nicht im Sinn, mich hier mit der menschlichen Sexualität als solcher zu beschäftigen. Die Sexualität gehört nur zu unserem Thema, wenn sie ein Element des komplizierten Zustandes «Verliebtheit» ist. Dass sexuelle Erfahrung ohne Eros, ohne Verliebtheit vorkommen kann und dass Eros außer sexueller Betätigung noch anderes einschließt, halte ich für selbstverständlich.

Man kann es auch so sagen: Ich untersuche nicht die Sexualität, die wir mit den Tieren gemeinsam haben, auch nicht die menschliche Sexualität im Allgemeinen; mich interessiert nur jene ausschließlich menschliche Variante, die sich innerhalb der «Liebe» entwickelt – das nenne ich Eros. Das leibliche oder tierisch-sexuelle Element will ich (nach alter Sitte) «Venus» nennen. Und zwar verstehe ich unter «Venus» nicht die verschlüsselte, alles durchdringende Sexualität – wie sie etwa in der Tiefenpsychologie betrachtet wird –, sondern das ganz Offensichtliche: das, was den Beteiligten als sexuell bewusst ist, was man durch simple Beobachtung als sexuell bezeichnen kann.

Die Sexualität kann ohne Eros oder innerhalb des Eros ausgeübt werden. Und sofort muss ich hinzufügen, dass ich diese Unterscheidung nur treffe, um unser Thema zu begrenzen – ohne jede moralische Nebenabsicht. Ich teile die populäre Vorstellung keineswegs, dass Eros – sein Fehlen oder Vorhandensein – den sexuellen Akt «unrein» oder «rein», niedrig oder edel, erlaubt oder unerlaubt macht. Wenn alle, die ohne Eros beieinanderliegen, verwerflich handeln, dann haben wir alle einen zweifelhaften Stammbaum. Die Zeiten und Kulturen, in denen die Ehen vom Eros abhängig gemacht wurden, sind eine kleine Minderheit. Fast alle unsere Vorfahren hat man in früher Jugend einfach verheiratet. Die Partner wurden von den Eltern gewählt, und dabei spielte Eros keine Rolle. Sie kannten für den Akt keine andere Antriebskraft als gewöhnliches tierisches Verlangen. Und sie taten recht. Sie waren ehrenwerte christliche Eheleute, die ihren Eltern gehorchten, ihren «ehelichen Pflichten» nachkamen und ihre Kinder «in der Furcht des Herrn» erzogen.

Umgekehrt kann dieser Akt unter dem Einfluss eines himmelstürmenden, in allen Farben schillernden Eros geschehen, der bloße Sinnlichkeit weit hinter sich lässt – und man begeht dabei glatten Ehebruch; vielleicht bricht man so das Herz seiner Frau, hintergeht seinen Mann, verrät einen Freund, missbraucht die Gastfreundschaft, lässt seine Kinder im Stich. Es hat Gott nicht gefallen, den Unterschied zwischen Sünde und Pflicht auf edle Gefühle zu gründen. Ob dieser (und jeder andere) Akt richtig ist oder nicht, hängt von ganz prosaischen und klar definierten Kriterien ab: ob ein Versprechen gehalten oder gebrochen wird, von Gerechtigkeit oder Ungerechtigkeit, von Nächstenliebe oder Selbstsucht, von Gehorsam oder Ungehorsam. Meine Abhandlung übergeht die reine Sexualität – ohne Eros – aus Gründen, die mit Moral nichts zu tun haben: einfach darum, weil sie für unser Thema nicht von Bedeutung ist.

Für die Anhänger der Evolutionstheorie ist Eros (die menschliche Variante) etwas, was aus Venus herauswächst, eine späte Komplikation und Weiterentwicklung des biologischen Urtriebs. Wir dürfen aber daraus nicht schließen, dass es sich im Bewusstsein des Einzelnen immer so abspielt. Es mag zwar Männer geben, die beim Anblick einer Frau sexuelle Lust empfinden und sich erst später in sie verlieben. Aber ich glaube nicht, dass das die übliche Reihenfolge ist. Meistens ist man nämlich am Anfang ganz einfach eingenommen von der Geliebten, und zwar von ihrer ganzen Person und auf eine allgemeine, unbestimmte Weise. Ein Mann in diesem Zustand hat gar keine Zeit, an Sex zu denken. Er ist viel zu sehr damit beschäftigt, an die eine Person zu denken. Dass sie eine Frau ist, ist weniger wichtig, als dass sie sie selbst ist. Er ist voller Verlangen; aber dieses Verlangen muss nicht sexuell gefärbt sein. Fragt man ihn, was er will, wird die Antwort etwa so lauten: «Immer an sie denken.» Er ist versunken in die Betrachtung der Liebe. Und wenn später das spezifisch Sexuelle erwacht, so hat er nicht das Gefühl, dies sei schon die ganze Zeit die Wurzel der Sache gewesen (außer er steht unter dem Einfluss wissenschaftlicher Theorien).

Er hat eher das Gefühl, dass die steigende Flut des Eros zuerst manche Sandburg zerstört und manchen Felsen zur Insel gemacht hat und nun, mit einer sieghaften siebten Welle auch diesen Teil seiner Natur überschwemmt – den kleinen Tümpel gewöhnlicher Sexualität, der schon vor der Flut an seinem Strand lag. Eros überwältigt ihn wie ein Eroberer, reißt die Herrschaft an sich und reorganisiert die Institutionen des besiegten Landes, eine nach der anderen. Viele mag er bereits beschlagnahmt haben, bevor er den Sex erreicht; und auch den ordnet er neu.

Keiner hat die Art und Weise dieser Neuordnung kürzer und treffender beschrieben als George Orwell, der sie nicht mochte und die Sexualität in ihrem ursprünglichen, von keinem Eros «verseuchten» Zustand vorzog. In *1984* will der schreckliche Held (wie viel menschlicher sind doch die vierfüßigen Helden in Orwells vorzüglicher «Farm der Tiere»!) von der Heldin eine Bestätigung hören, bevor er sich mit ihr balgt: «Magst du das?», fragt er sie. «Ich meine nicht bloß mich – ich meine die Sache an sich.» Er gibt sich erst zufrieden, als er die Antwort erhält: «Ich finde es wunderbar!» Dieser kleine Dialog ist bezeichnend für die Neuordnung: Geschlechtliches Verlangen ohne Eros will *es,* will *die Sache an sich;* Eros will die geliebte Person.

Die *Sache* ist eine sinnliche Lust, das heißt, ein Vorgang im eigenen Körper. Von einem Lüstling, der durch die Straßen pirscht, sagen wir, er sei «auf der Suche nach einer Frau»; das ist ein ganz unglücklicher Ausdruck. Genaugenommen sucht er nicht eine Frau. Er sucht eine Lust, für die eine Frau nun einmal die nötige Apparatur darstellt. Was ihm die Frau als solche bedeutet, merkt man an seinem Verhalten ihr gegenüber fünf Minuten nach der Befriedigung (sind die Zigaretten geraucht, wirft man die Schachtel fort).

Eros dagegen weckt in einem Mann das Verlangen nicht nach irgendeiner, sondern nach einer einzigen, ganz bestimmten Frau. Auf geheimnisvolle, aber ganz unbestreitbare Weise verlangt der Liebende nach der Geliebten selbst, nicht nach der Lust, die sie bereiten kann. Kein Liebhaber der Welt hat je die Umarmungen der geliebten Frau gesucht, weil er – unbewusst – kalkulierte, dass in ihren Armen die Lust höher sei als in den Armen irgendeiner anderen Frau. Wenn er sich die Frage gestellt hätte, wäre er ohne Zweifel davon überzeugt gewesen. Aber wer so fragt, verlässt die Welt des Eros. Der Einzige, der meines Wissens diese Frage gestellt hat, war Lukrez[38], und er war gewiss nicht verliebt, als er es tat. Dieser sture Lüstling hat behauptet, in Wirklichkeit beeinträchtige die

Liebe den sexuellen Genuss. Das Gefühl lenke ab. Es verderbe die kühle und kritische Empfindlichkeit des Gaumens. (Ein großer Dichter; aber mein Gott, was für scheußliche Kerle waren doch diese Römer!)

Man beachte, dass Eros auf wunderbare Weise eine Bedürfnis-Lust *par excellence* in die größte wertschätzende Lust verwandelt. Es gehört zum Wesen der Bedürfnis-Lust, dass wir das Objekt der Lust ausschließlich in Bezug auf das Bedürfnis, ja, ein momentanes Bedürfnis, sehen. Aber im Eros betrachtet ein intensives Bedürfnis sein Objekt mit besonderer Intensität als etwas, was in sich selbst bewundernswert ist, weit über das Bedürfnis hinaus.

Hätten wir das nicht alle selbst erfahren, wären wir reine Logiker und der Gedanke wohl unfassbar, dass man nach einem Menschen Verlangen haben kann, unabhängig von dem, was dieser Mensch an Lust, Unterstützung oder Diensten zu bieten hat. Und es lässt sich auch schwer erklären. Liebende deuten etwas (nicht viel) davon an, wenn sie sagen, sie hätten einander «zum Fressen gern». Milton[39] hat mehr zum Ausdruck gebracht, wenn er engelhafte Geschöpfe schildert, deren Leiber aus Licht bestehen und die sich – statt unserer bloßen Umarmung – völlig durchdringen können. Charles Williams[40] hat etwas davon in Worte gefasst: «Dich lieben? Ich *bin* du!»

Ohne Eros ist sexuelles Verlangen wie jedes andere Verlangen eine Tatsache, die uns selbst betrifft. Innerhalb des Eros hat es eher mit der geliebten Person zu tun. Es wird beinahe zu einer Wahrnehmungsweise und ganz zu einer Ausdrucksweise. Es wird als etwas Objektives empfunden, etwas Reales, außerhalb von uns. In seinen besten Augenblicken tritt darum Eros, der König der Lüste, auf, als wäre die Lust etwas Nebensächliches. Wer an die Lust denkt, fällt in sich selbst zurück, in seine eigenen fünf Sinne. Das würde Eros zerstören, «fertigmachen», wie man die schönste Aussicht von einem Berggipfel «fertigmachen» kann, indem man sie als Phänomen der Netzhaut und der Sehnerven beschreibt. Und überhaupt: Von wessen Lust reden wir eigentlich? Eine der ersten Wirkungen des Eros ist, dass er den Unterschied zwischen Geben und Nehmen verwischt.

Bisher habe ich bloß zu beschreiben versucht, ohne zu werten. Aber gewisse moralische Fragen lassen sich jetzt nicht mehr umgehen, und ich darf meine eigene Meinung nicht vorenthalten. Ich will sie nicht durchsetzen, sondern einfach zu bedenken geben, und selbstverständlich bin ich offen für Korrektur durch bessere Menschen, bessere Liebhaber, bessere Christen.

In der Vergangenheit war die Ansicht weit verbreitet, und bei vielen einfachen Leuten ist sie es vielleicht heute noch, dass die geistliche Gefahr des Eros fast ausschließlich aus dem fleischlichen Element komme; dass Eros am «edelsten» oder «reinsten» sei, wenn Venus auf ein Minimum beschränkt werde. Die älteren Moraltheologen jedenfalls scheinen für die Ehe vor allem die eine Gefahr gesehen zu haben: dass im Überhandnehmen des Sinnlichen die Seele verloren gehen könnte. Aber die Bibel geht die Sache von einer anderen Seite an. Paulus, der zwar den Gläubigen vom Heiraten abrät, sagt nichts von diesen Dingen, außer dass er den Verheirateten empfiehlt, sich nicht zu lange von Venus zu enthalten (1. Korinther 7,5). Er warnt vor einer anderen Gefahr: Er fürchtet, dass die Partner voneinander in Beschlag genommen werden, dass sie einander ständig «gefallen» – d. h. aufeinander Rücksicht nehmen – müssen, dass der Hausstand sie auf vielfältige Weise ablenkt. Die Ehe selbst, nicht das Ehebett, kann uns daran hindern, ungeteilt Gott zu dienen.

Und Paulus hat doch wohl recht? Wenn ich mich auf meine eigenen Erfahrungen verlassen darf, sind es (in der Ehe wie außerhalb) die praktischen Sorgen dieser Welt, und zwar gerade die kleinsten und prosaischsten unter ihnen, die am meisten ablenken. Der Mückenschwarm von belanglosen Sorgen und Entscheidungen um den Verlauf der nächsten Stunde hat meine Gebete häufiger gestört als irgendeine Leidenschaft oder Lust. Die große dauernde Versuchung der Ehe ist nicht die Sinnlichkeit, sondern (ganz offen gesagt) die Habsucht.

Bei aller gebührenden Achtung vor den mittelalterlichen Seelenführern kann ich nicht vergessen, dass sie alle unverheiratet waren und wahrscheinlich nicht wussten, wie Eros unsere Sexualität beeinflusst. Er verschärft den nagenden und süchtigen Charakter des sexuellen Verlangens nicht, im Gegenteil, er lindert ihn. Und zwar nicht nur durch Befriedigung. Eros erleichtert auch die Enthaltsamkeit, ohne das Verlangen zu dämpfen. Ohne Zweifel neigt er dazu, sich von der geliebten Person in Beschlag nehmen zu lassen, und das kann allerdings ein Hindernis für das geistliche Leben sein; aber dieses Hindernis ist nicht in erster Linie sinnlich.

Die wirkliche geistliche Gefahr des Eros liegt nach meiner Meinung anderswo. Ich werde darauf zurückkommen. Zuerst möchte ich von der Gefahr sprechen, die, so glaube ich, gegenwärtig vor allem den Liebesakt bedroht. In diesem Punkt setze ich mich in Widerspruch zu vielen gewichtigen Redeführern der Menschheit – nicht zur Menschheit selbst, bewahre! Ich glaube, wir werden alle verleitet, Venus zu ernst zu nehmen; jedenfalls auf falsche Weise zu ernst. Zeit meines Lebens ist das Geschlechtliche mit lächerlicher und bedrohlicher Feierlichkeit umkleidet worden.

Ein Schriftsteller meinte, dass Venus das Eheleben in einem «feierlichen, heiligen Rhythmus» durchziehen solle. Ein junger Mann war entgeistert, als ich einen Roman, den er bewunderte, als «pornografisch» bezeichnete: «Pornografisch? Aber wie ist das möglich? Er behandelt doch alles mit so großem Ernst.» Als wären lange Gesichter eine Art moralisches Desinfektionsmittel. Unsere Freunde, die «dunkle Götter» beherbergen, die «Blutsäulen»-Schule, versuchen allen Ernstes, so etwas wie die phallische Religion wiederherzustellen. Dort, wo die Werbung das Sexuelle am dicksten aufträgt, malt sie in Farben der Verzückung, des Schmachtens, der inbrünstigen Hingabe. Nur ganz selten ist ein Anflug von Ausgelassenheit zu finden. Die Psychologen haben uns mit der unendlichen Wichtigkeit vollständiger sexueller Anpassung und der Unmöglichkeit ihrer Verwirklichung derart den Kopf verdreht, dass ich mir vorstellen könnte, wie manche junge Paare die gesammelten Werke von Freud, Krafft-Ebing[41], Havelock Ellis[42] und Kinsey um ihr Bett aufschichten. Da wäre der kecke alte Ovid, der einen Maulwurfshügel nicht übersah und auch keinen Berg daraus machte, besser am Platz. Wir haben den Punkt erreicht, wo nichts nötiger wäre als ein herzhaftes, altmodisches Gelächter.

Aber, so wird man einwenden, die Sache *ist* doch ernst. Ja, viermal ja. Erstens theologisch: Denn hier nimmt der Leib an der Ehe teil, die nach Gottes Ratschluss das mystische Bild der Vereinigung von Gott und Mensch ist. Zweitens – wie soll ich das nennen – sub-christlich, heidnisch, ein Natursakrament: das Miterleben und Darstellen der natürlichen Kräfte des Lebens, der Fruchtbarkeit – die Ehe von Himmelsvater und Erdenmutter. Drittens auf der moralischen Ebene: im Blick auf die Verantwortung und die unkalkulierbare Tragweite von Eltern- und Ahnenschaft. Und schließlich erleben die Beteiligten (manchmal, nicht immer) den Akt mit Gefühlen tiefen Ernstes.

Aber auch das Essen ist eine ernste Sache: theologisch im Blick auf das heilige Abendmahl; ethisch im Blick auf unsere Pflicht, die Hungrigen zu speisen; sozial, denn der Tisch ist seit Urzeiten der Ort des Gesprächs; medizinisch, wie jeder Magenkranke weiß. Und doch bringen wir keine Fachliteratur zum Tisch und benehmen uns nicht, als wären wir in der Kirche. Feinschmecker, nicht Heilige, benehmen sich am ehesten so. Tieren ist es um ihre Nahrung immer ernst.

Wir dürfen Venus nicht zu hundert Prozent ernst nehmen. Ja, wenn wir sie total ernst nehmen, tun wir unserer Menschlichkeit Gewalt an. Nicht umsonst sind alle Sprachen der Welt voll von Witzen über Sex. Viele davon mögen blöd oder widerlich sein, und fast alle sind uralt. Aber wir müssen darauf bestehen, dass sie eine Haltung gegen Venus verkörpern, die auf die Dauer das Christenleben weit weniger gefährdet als ehrfurchtsvolle Feierlichkeit. Wir dürfen nicht versuchen, das Fleischliche absolut zu setzen. Wer Spiel und Lachen vom Liebesbett verbannt, öffnet leicht einer falschen Göttin die Tür. Sie ist noch falscher als Aphrodite; denn die Griechen wussten bei aller Verehrung, dass Aphrodite das Lachen liebt. Die verbreitete Meinung, dass Venus auch ein komischer Geist sei, ist völlig richtig. Wir sind keineswegs verpflichtet, unsere Liebesduette in Moll zu singen, bebend, ewigkeitstrunken, herzzerbrechend wie Tristan und Isolde. Singen wir doch auch wie Papageno und Papagena!

Venus selbst rächt sich schrecklich, wenn wir ihren (gelegentlichen) Ernst für bare Münze nehmen. Und zwar auf zwei Arten. Von Sir Thomas Browne[43] stammt die – unabsichtlich – komische Illustration für die erste Art: Der Dienst an Venus «ist das Törichteste, was ein Weiser seiner Lebtag begeht, und nichts wird seine abgekühlte Einbildungskraft tiefer erniedrigen, als wenn er bedenkt, was für ein ausgefallenes und unwürdiges Torenstück er geleistet hat». Hätte er sich von Anfang an mit weniger Feierlichkeit an diesen Akt gemacht, so hätte er diese «Erniedrigung» nicht erlitten. Wäre seine Einbildungskraft nicht irregeführt gewesen, so hätte ihm ihre Abkühlung keinen solchen Ekel hinterlassen. Doch Venus kennt noch eine andere, schlimmere Rache.

Sie selbst ist ein spöttischer, mutwilliger Geist, mehr Kobold als Göttin, spielt Katz und Maus mit uns. Wo die äußeren Umstände zu ihren Diensten wie geschaffen sind, da lässt sie einen Liebenden, oder beide, im Stich. Wo jede deutliche Geste unmöglich ist und nicht einmal Blicke getauscht werden können – in der Eisenbahn, im Kaufladen, auf endlosen Partys –, da überfällt sie die zwei mit aller Macht. Eine Stunde später, wenn Zeit und Ort günstig sind, hat sie sich geheimnisvoll zurückgezogen; vielleicht nur von einem der beiden. Was für einen Wirrwarr muss das auslösen – wie viel Gekränktheit, Selbstmitleid, Misstrauen, verletzte Eitelkeit und das ganze Geschwätz über «Frustration» – wenn man sie vergöttert hat! Aber vernünftige Liebende lachen bloß. Das gehört alles zum Spiel. *Catch-as-catch-can!*[44] Entwischen, ins Leere purzeln, frontal zusammenprallen – man muss das nehmen wie eine Katzenbalgerei.

Mir kommt es vor wie ein Scherz Gottes, dass eine so himmelstürmende, so offensichtlich transzendente Leidenschaft wie der Eros in einer ungereimten Symbiose gekoppelt ist mit einer körperlichen Lust, die wie jede andere Lust taktlos ihre Abhängigkeit von so irdischen Umständen wie Wetter, Gesundheit, Nahrung, Kreislauf und Verdauung verrät. Mit Eros meinen wir, wir könnten fliegen; Venus gibt uns plötzlich einen Ruck, und wir merken, dass wir nur ein Fesselballon sind. Das erinnert uns ständig an die Tatsache, dass wir komplexe Geschöpfe sind, vernunftbegabte Tiere, einerseits verwandt mit den Engeln, andererseits mit Bock und Stier. Es ist schlimm, wenn man keinen Spaß verträgt. Schlimmer, wenn es ein göttlicher Spaß ist; er geht zwar auf unsere Kosten, aber (wer möchte es bezweifeln) er dient zu unserem Allerbesten.

Es gibt drei Haltungen, die der Mensch seinem Leib gegenüber einnehmen kann. Da ist erstens jene der asketischen Heiden, die ihn als Gefängnis oder «Grab» der Seele bezeichnet haben, sowie mancher Christen, für die er nicht viel mehr als ein Sack voll Kot ist, Nahrung der Würmer, schmutzig, beschämend, nichts als eine Quelle von Versuchungen für die Schlechten und von Demütigungen für die Guten. Ferner sind da die Neuheiden, die Nudisten und jene, die an «dunklen Göttern» leiden; für sie ist der Leib etwas Großartiges. Und drittens ist da noch die Ansicht des heiligen Franziskus; er nannte seinen Leib «Bruder Esel». Vielleicht lassen sich alle drei vertreten, das weiß ich nicht so genau; ich für meinen Teil halte es mit dem heiligen Franz.

«Esel» ist sehr treffend, denn kein vernünftiger Mensch kann einen Esel verehren oder hassen. Er ist ein nützliches, kräftiges, faules, widerspenstiges, geduldiges, liebenswertes und zur Wut reizendes Vieh, das bald den Stock und bald die Rübe verdient, auf rührende und groteske Weise schön. So auch der Leib. Wir kommen nicht zurande mit ihm, wenn wir nicht einsehen, dass es zu seiner Aufgabe gehört, in unserem Leben die Rolle des Hanswurst zu spielen. Jeder Mann, jede Frau, jedes Kind – wir alle wissen das, wenn wir nicht durch irgendwelche Theorien verbildet sind. Die Tatsache, dass wir einen Leib haben, ist der älteste Witz der Welt. Eros verleitet uns manchmal (wie der Tod, die Aktzeichnung oder das Medizinstudium), ihn vollkommen ernst zu nehmen. Der Irrtum beginnt dort, wo man meint, Eros müsse ihn stets ernst nehmen und den Witz für alle Zeiten ausschalten. Aber das Leben ist anders. Wir sehen es schon an den Gesichtern der glücklichen Liebenden, die wir kennen. Wenn ihre Liebe nicht sehr kurzlebig ist, empfinden Liebende im leiblichen Ausdruck des Eros immer wieder ein Element der Komik, des Spielens, ja sogar der Hanswursterei.

Und der Leib brächte uns zur Verzweiflung, wenn es nicht

so wäre. Er wäre ein zu plumpes Musikinstrument, als dass die Liebesmelodie darauf erklingen könnte, wenn nicht gerade diese Plumpheit die ganze Erfahrung mit groteskem Charme bereichern würde – eine Nebenhandlung oder Parodie, die herzhaft und tollpatschig nachahmt, was die Seele auf würdigere Weise darstellt. (So wird in alten Lustspielen die lyrische Liebe des Helden und der Heldin gleichzeitig parodiert und bekräftigt durch eine sehr erdnahe Affäre, etwa zwischen Probstein und Kätchen[45] oder dem Kammerdiener und der Zofe.) «Das Höchste steht nicht ohne das Niedrigste.» Gewiss gibt es in manchen Augenblicken eine hohe Poesie im Leibe selbst; aber auch – man gestatte – ein unvermeidliches Element hartnäckiger und lächerlicher Un-Poesie. Wenn es für einmal nicht spürbar ist, dann bestimmt das nächste Mal. Es ist viel besser, dieses Element gleich mitten ins Drama des Eros hineinzunehmen, sozusagen als komische Entspannung, statt zu tun, als hätte man nichts gemerkt.

Und wie nötig haben wir diese Entspannung! Die Poesie ist so wirklich wie das Unpoetische, die Leichtigkeit der Venus so wahr wie ihre Schwere, die brennende Last der Begierde. Höchste Lust ist so schwer zu ertragen wie der Schmerz. Die Sehnsucht nach einer Vereinigung, die nur im Fleisch möglich ist, während das Fleisch, die sich gegenseitig ausschließende Körperlichkeit, sie je und je unerreichbar macht – diese Sehnsucht kann ein metaphysisches Ausmaß annehmen. Verliebtheit kann uns – wie der Kummer – Tränen in die Augen treiben. Aber Venus kommt nicht immer wie ein Raubtier, das sich an die Fersen seiner Beute heftet; und gerade weil sie manchmal so auftritt, tun wir gut daran, ihr gegenüber stets einen Hauch von Verspieltheit zu bewahren. Wo Natürliches am göttlichsten daherkommt, wartet das Dämonische gleich um die Ecke.

Die Weigerung, völlig einzutauchen, das Bewusstsein des

Leichten, auch dort, wo für den Augenblick nur die Schwere spürbar ist, ist im Blick auf ein gewisses Verhalten besonders wichtig. Venus in ihrer Heftigkeit ruft es in den meisten (ich glaube, nicht in allen) Liebespaaren wach. Dieser Akt kann den Mann für einen kurzen Augenblick zum Herrscher machen, zum Eroberer und Sieger, und entsprechend die Frau zu einer äußersten Unterwürfigkeit und Preisgabe verleiten. Daher die eigenartige Grobheit, ja Gewalttätigkeit mancher erotischer Spiele: «So trifft uns Tod wie Händedruck des Liebsten.»[46] Wie kommt ein vernünftiges Paar auf solche Gedanken? Wie kann ein christliches Paar das zulassen?

Unter einer Bedingung halte ich es für harmlos und gesund: Wir müssen erkennen, dass wir es hier mit etwas zu tun haben, was ich das «heidnische Sakrament» im Geschlechtlichen genannt habe. In der Freundschaft steht jeder Teilnehmer für sich selbst, er ist nur er. Im Liebesakt dagegen sind wir nicht bloß wir selbst. Wir sind auch Repräsentanten. Hier bedeutet es keine Verarmung, sondern eine Bereicherung, zu wissen, dass uralte und weniger personhafte Kräfte durch uns wirken. Für einen Augenblick sind wir der Brennpunkt aller Männlichkeit und Weiblichkeit der Welt, hier trifft sich das Kämpferische und das Hingebende. Der Mann spielt wirklich den Himmelsvater und die Frau die Erdenmutter; er spielt Form und sie Materie. Aber wir müssen das Wort «spielen» für voll nehmen. Natürlich «spielen» sie nicht im Sinne von Heuchelei. Jeder spielt eine Rolle in – nun ja, in etwas, was (im einen Extrem) einem Mysterienspiel oder Ritual gleicht, oder (am anderen Ende) einem Maskenspiel oder gar einem Schwank.

Wenn eine Frau diese äußerste Selbsthingabe aber buchstäblich so verstehen und ernst nehmen wollte, wäre sie eine Götzendienerin, die einem Mann darbringt, was Gott gehört. Und ein Mann wäre der eingebildetste aller Gecken und ein Gotteslästerer dazu, wenn er, ein gewöhnlicher Mensch, sich die Hoheit anmaßen wollte, zu der ihn Venus für einen Augenblick erhebt. Es ist nicht erlaubt, solche Preisgabe zu gewähren oder zu fordern; aber es ist erlaubt, sie zu spielen, in Szene zu setzen. Außerhalb dieses Dramas oder Rituals sind er und sie zwei unsterbliche Seelen, zwei frei geborene Erwachsene, zwei Staatsbürger. Wir könnten uns sehr täuschen, wenn wir meinen, dass in den Ehen, in denen diese Herrschaft im Akt der Venus geübt und anerkannt wird, die Männer das ganze Eheleben dominieren; vielleicht ist es eher umgekehrt. Aber innerhalb des Dramas werden sie zum Gott und zur Göttin, zwischen denen es keine Gleichheit gibt, deren Beziehung asymmetrisch ist. Manche wird es befremden, dass ich ausgerechnet in jener Handlung ein Element des Rituellen, der Maskerade finde, in der wir uns oft am wahrsten, am wenigsten maskiert, am echtesten vorkommen. Sind wir nicht unser wahres Selbst, wenn wir nackt sind? In einem gewissen Sinne: Nein. Das englische Wort *naked* (nackt) war ursprünglich ein Partizip Perfekt; der Nackte war einer, der dem Vorgang des Entkleidens oder Schälens (*naking* – das Wort wurde auch für Nüsse und Früchte verwendet) unterzogen worden war. Seit eh und je erschien unseren Vorfahren der Nackte nicht als der natürliche, sondern als der anormale Mensch. Er war nicht ein Mensch, der sich nicht bekleidet hatte, sondern einer, der aus irgendeinem Grund entkleidet worden war. Und es ist eine simple Tatsache – das kann man in jedem Männerbad beobachten –, dass Nacktheit das Allgemeinmenschliche hervorhebt und das Individuelle zurückdrängt. In diesem Sinne sind wir bekleidet mehr «wir selbst». Durch Nacktheit sind die Liebenden nicht mehr nur Hans und Grete; das universelle Er und Sie wird hervorgehoben. Man könnte fast sagen, sie «ziehen Nacktheit an» als ein Feierkleid – oder als Kostüm für einen Schwank.

Wir müssen immer auf der Hut sein vor falschem Ernst – und ganz besonders, wenn wir in unserem Liebesleben am heidnischen Sakrament teilnehmen. Der «Himmelsvater» ist selber nur ein heidnischer Traum von einem, der weit größer ist als Zeus und weit männlicher als das Männliche. Und ein sterblicher Mann ist noch nicht einmal der «Himmelsvater» und kann nicht seine Krone tragen. Nur eine Kopie davon, aus Silberpapier. Ich meine das nicht abschätzig. Ich liebe Rituale; ich liebe improvisiertes Theaterspiel; ich liebe sogar Scharaden. Papierkronen haben – im rechten Zusammenhang – ihre Würde. Letztlich sind sie kaum dürftiger («wenn Fantasie ihnen zu Hilfe kommt») als jede andere irdische Würde.

Doch ich darf dieses heidnische Sakrament nicht erwähnen, ohne mich dagegen abzusichern, dass man es mit einem unvergleichlich höheren Geheimnis verwechselt. Wie die Natur den Mann in jenem kurzen Akte krönt, so hat ihn das christliche Gesetz in der dauernden Beziehung der Ehe gekrönt, indem sie ihm die Würde – oder soll ich sagen: die Last? – eines «Hauptes» verleiht. Das ist eine Krönung ganz anderer Art. Und während wir das Geheimnis der Natur oft zu ernst nehmen, nehmen wir vielleicht das christliche Geheimnis nicht ernst genug. Manche christliche Schriftsteller (besonders Milton) haben mit einer Selbstgefälligkeit von der Würde des Mannes gesprochen, dass einem die Haare zu Berge stehen. Wir müssen wieder zu unseren Bibeln greifen: Der Mann ist in dem Maß das Haupt der Frau, als er sich zu ihr verhält wie Christus zur Kirche. Er soll sie lieben, wie Christus die Kirche geliebt und – bitte weiterlesen! – *sich selbst für sie hingegeben hat* (Epheser 5,25). Nicht der Mann, der wir alle sein möchten, verkörpert diese Haupteswürde am umfassendsten, sondern der, dessen Ehe am meisten einer Kreuzigung gleicht; dessen Frau am meisten empfängt und am wenigsten schenkt, seiner am unwürdigsten und von Natur aus am wenigsten liebenswert ist. Denn die Kirche hat nur die Schönheit, die ihr der Bräutigam schenkt; er findet sie nicht lieblich, er macht sie lieblich. Denn das Salböl dieser schrecklichen Krönung wird nicht in den Freuden jeder beliebigen Ehe sichtbar, sondern in ihren Lasten, in Krankheit und Leiden einer guten Frau oder in den Fehlern einer schlechten, in der unermüdlichen (nie zur Schau gestellten) Fürsorge des Mannes oder in seiner unerschöpflichen Bereitschaft zu verzeihen – zu verzeihen, nicht gleichgültig zu werden. Wie Christus in der fehlerhaften, stolzen, fanatischen oder lauen Kirche auf Erden die Braut sieht, die eines Tages «weder Flecken noch Runzeln» haben wird, wie er darum ringt, dass sie so wird, so gibt der Mann nie auf, dessen Würde christusähnlich ist (und eine andere ist ihm nicht erlaubt). Er ist ein König Cophetua, der nach zwanzig Jahren immer noch hofft, dass das Bettelmädchen eines Tages lernen wird, die Wahrheit zu sagen und sich die Ohren zu waschen.

Damit ist nicht gesagt, es sei tugendhaft oder weise, eine Ehe einzugehen, die solches Elend mit sich bringt. Es ist weder weise noch tugendhaft, unnötiges Martyrium zu suchen oder mit Verfolgung zu liebäugeln. Und doch ist im verfolgten oder leidenden Christen das Vorbild des Meisters am klarsten verwirklicht. So ist in solchen furchtbaren Ehen, wenn sie nun einmal geschlossen wurden, die «Haupteswürde» des Mannes – wenn er sie aushält – Christus am ähnlichsten.

Auch die entschiedensten Feministinnen brauchen mein Geschlecht nicht um die Kronen zu beneiden, die ihm das heidnische oder das christliche Mysterium anbietet. Denn die eine ist aus Papier, die andere aus Dornen. Die wirkliche Gefahr liegt nicht darin, dass die Männer zu eifrig nach der letzteren greifen, sondern dass sie es zulassen oder fördern, wenn ihre Frauen sie sich anmaßen.

Wir haben Venus, das leibliche Element des Eros, betrachtet und wenden uns nun Eros als Ganzem zu. Wir werden sehen, dass sich hier das gleiche Muster wiederholt. Wie Venus innerhalb von Eros nicht wirklich nach Lust strebt, so strebt Eros nicht nach Glück. Uns kommt es vielleicht so vor, aber wenn man Eros auf die Probe stellt, erweist es sich anders.

Bekanntlich ist es aussichtslos, zwei Liebende trennen zu wollen, indem man ihnen beweist, dass sie auf eine unglückliche Ehe zusteuern. Und zwar nicht nur, weil sie es nicht glauben. Natürlich glauben sie es meistens nicht. Aber selbst wenn sie es glauben, sind sie nicht von ihrem Vorhaben abzubringen. Gerade das ist typisch für Eros: Wenn er uns erfüllt, wollen wir lieber mit dem geliebten Menschen unglücklich sein als auf irgendeine andere Weise glücklich werden. Selbst wenn die beiden Liebenden reife und erfahrene Leute sind, die wissen, dass gebrochene Herzen heilen, und die klar voraussehen, dass sie – wenn sie sich jetzt zu der schmerzhaften Trennung durchringen – in zehn Jahren höchstwahrscheinlich glücklicher wären als in der Ehe –, selbst dann wollen sie nicht voneinander lassen.

Für Eros sind all diese Überlegungen belanglos, genau wie das kühle, brutale Urteil des Lukrez für Venus bedeutungslos ist. Auch wenn es sonnenklar wird, dass eine Ehe mit der geliebten Person unmöglich zum Glück führen kann, auch wenn sie nichts anderes zu bieten hat als die Pflege eines unheilbar Kranken, als hoffnungslose Armut, als Verbannung oder Schande – Eros zögert nie mit der Antwort: «Besser dies als eine Trennung. Lieber elend mit ihr als glücklich ohne sie. Mögen unsere Herzen brechen – wenn sie nur miteinander brechen.» Wenn die innere Stimme nicht so spricht, ist es nicht die Stimme des Eros.

Das ist die Größe und der Schrecken der Liebe. Und doch auch hier: neben der Größe die Verspieltheit. Eros ist wie Venus das Thema zahlloser Witze. Selbst wenn die Umstände der Liebenden tragisch sind, so dass kein Zuschauer den Tränen wehren könnte, sie selbst werden manchmal – mitten in der Not, im Krankenhaus, am Besuchstag im Gefängnis – von einer Heiterkeit überrascht, die den Betrachter (nicht sie selbst) zu unerträglichem Mitleid rühren müsste. Nichts ist unrichtiger als die Vorstellung, Spott sei notwendigerweise feindselig. Liebende lachen stets übereinander – bis sie ein Kind haben, über das sie lachen können.

In der Größe des Eros liegt auch der Keim seiner Gefahr. Er spricht wie ein Gott. Seine völlige Hingabe, die Verwegenheit, mit der er das Glück verachtet, die Kompromisslosigkeit, mit der er sich über allen Eigennutz hinwegsetzt, klingen wie eine Botschaft aus der Ewigkeit.

Und doch kann es nicht einfach so Gottes eigene Stimme sein. Wenn Eros mit solcher Größe und transzendenter Selbstlosigkeit auftritt, kann er sowohl zum Bösen wie zum Guten herausfordern. Nichts ist oberflächlicher als die Meinung, eine Liebe, die zur Sünde führt, müsse immer qualitativ niedriger, tierischer oder trivialer sein als eine, die zu einer treuen, fruchtbaren und christlichen Ehe führt. Die Liebe, die zu grausamen und meineidigen Verbindungen, ja zu Selbstmord-Pakten und Mord führt, ist kaum eine schweifende Lust oder lässige Sentimentalität. Das kann sehr wohl Eros sein, in all seinem Glanz, herzzerbrechend aufrichtig, zu jedem Opfer bereit, außer zum Verzicht.

Manche Denkrichtungen haben die Stimme des Eros wirklich als etwas Transzendentes betrachtet und haben versucht, die Absolutheit seines Anspruchs zu rechtfertigen. Plato erklärt, wenn zwei Menschen «sich verlieben», so würden sich zwei Seelen wiedererkennen, die in einem früheren himmlischen Dasein füreinander bestimmt wurden. Der geliebten Person begegnen, heißt begreifen: «Wir haben uns schon geliebt, als wir noch nicht geboren waren.» Ein Mythos, der wunderbar ausdrückt, was Liebende empfinden. Wenn man ihn aber wörtlich nimmt, ergibt sich eine peinliche Folgerung. Wir müssten daraus schließen, dass in jenem himmlischen, vergessenen Leben die Verhältnisse auch nicht besser geregelt sind als hier. Denn Eros kann die unpassendsten Jochgenossen zusammenspannen. Viele unglückliche – voraussehbar unglückliche – Ehen sind Liebesehen.

Eine Theorie, die eher dem heutigen Denken entspricht, könnten wir als «Shaw'sche Romantik» bezeichnen – Shaw selbst hätte sie vielleicht «metabiologisch» genannt. Nach der Shaw'schen Romantik spricht durch Eros die Stimme des *élan vital*, der Lebenskraft, der «Evolutionslust». Wo der *élan vital* ein Paar überwältigt, da sucht er Eltern (oder Vorfahren) für den Übermenschen. Ihr persönliches Glück und die Regeln der Moral spielen keine Rolle, denn es geht um etwas, was Shaw für viel wichtiger hält: um die künftige Vervollkommnung unserer Spezies.

Aber wenn das alles stimmen sollte, so ist doch nicht recht klar, ob – und wenn ja, warum – wir dieser Stimme gehorchen sollten. Alle Bilder vom Übermenschen, die bisher gezeichnet wurden, sind so abstoßend, dass man augenblicklich Ehelosigkeit schwören möchte, um ihn nur ja nicht zu zeugen. – Und zweitens muss diese Theorie zum Schluss führen, dass sich die Lebenskraft nicht sehr gut auf ihr Geschäft versteht. Das Vorhandensein oder die Intensität von Eros zwischen zwei Menschen ist, soweit wir das sehen können, keine Garantie dafür, dass ihre Nachkommen besonders befriedigend ausfallen oder dass sie überhaupt Nachkommen haben. Zwei gute «Stammbäume» (im Sinne des Viehzüchters), nicht zwei gute Liebende sind das Rezept für gesunde Kinder. Und was in aller Welt hat diese Lebenskraft während zahlloser Generationen getrieben, als das Kinderzeugen sehr wenig mit gegenseitigem Eros zu tun hatte und sehr viel mit Eheverträgen, Sklaverei und Brautraub? Ist ihr diese Glanzidee zur Verbesserung der Spezies eben erst eingefallen?

Einem Christen kann weder Platos noch Shaws erotischer Transzendentalismus helfen. Wir sind keine Verehrer des *élan vital,* und von einem früheren Leben wissen wir nichts. Wir dürfen der Stimme des Eros, wenn er am gottähnlichsten spricht, nicht bedingungslos gehorchen; noch dürfen wir seine Gottähnlichkeit ignorieren oder zu leugnen versuchen. Diese Liebesart gleicht wirklich und wahrhaftig der Liebe in Person. In ihr ist echte Gottesnähe (der Ähnlichkeit) – die aber nicht unbedingt auch eine Nähe im Suchen ist. Wenn wir Eros ehren, soweit es die Liebe zu Gott und den Nächsten erlaubt, kann er ein Mittel des Suchens, der Annäherung werden. Sein totaler Einsatzwille ist ein in unserer Natur eingebautes Gleichnis oder Beispiel für die Liebe, die wir gegenüber Gott und den Menschen üben sollen. Wie die Natur für den Naturfreund das Wort «Herrlichkeit» mit Inhalt füllt, so gibt die Hingabe des Eros ein Bild für das Wort *agape.* Es ist, als sagte Christus durch den Eros zu uns: «So – genau so: verschwenderisch, ohne zu rechnen – sollt ihr mich und die Geringsten meiner Brüder lieben.»

Unser bedingter Gehorsam gegen Eros wird natürlich je nach den Umständen wechseln. Von manchen wird völliger Verzicht (aber nicht Verachtung) verlangt. Andere können mit Eros als Triebkraft und auch als Vorbild das Eheschiff besteigen. In der Ehe wird Eros als solcher nie genügen – ja, er kann nur lebendig bleiben, wenn er ständig durch übergeordnete Grundsätze korrigiert und unterstützt wird.

Wenn man aber Eros vorbehaltlos verehrt und ihm bedingungslos gehorcht, wird er zum Dämon. Und gerade solche

Verehrung und solchen Gehorsam beansprucht er. Er ist von göttlicher Gleichgültigkeit gegen unsere Selbstsucht – und von dämonischer Auflehnung gegen jeden Anspruch Gottes oder eines Menschen, der ihm entgegentritt. Daher sagt der Dichter:

> «Mit Güt' und Freundlichkeit
> kommt man Verliebten nimmer bei,
> und als Märtyrer fühl'n sie sich,
> macht man ein groß Geschrei.»

«Märtyrer» trifft die Sache genau. Ich schrieb vor Jahren eine Arbeit über mittelalterliche Liebesdichtung. Darin beschrieb ich eine seltsame, halb gespielte «Liebesreligion» und war blind genug, sie für ein fast rein literarisches Phänomen zu halten. Heute weiß ich es besser. Das Wesen des Eros selbst verleitet dazu. In seinen Höhepunkten ist er von allen Liebesarten die gottähnlichste – und darum am meisten geneigt, unsere Verehrung zu fordern. Sich selbst überlassen, möchte er aus jeder Verliebtheit eine Art Religion machen.

Theologen haben in dieser Liebe oft eine Gefahr der Vergötzung gesehen. Ich glaube, sie meinten damit, dass sich die Liebenden gegenseitig vergöttern könnten. Darin sehe ich nicht die wirkliche Gefahr; sicher nicht in der Ehe. Der köstlich prosaische Alltag, die sachliche Vertrautheit des Ehelebens machen das zur Absurdität; ebenso die Zuneigung, mit der Eros fast immer untrennbar verbunden ist. Ich glaube, nicht einmal in der Anfangszeit einer Liebe kann man dem Irrtum verfallen, der geliebte Mensch könne einem die Sehnsucht nach dem Ungeschaffenen (Transzendenten) befriedigen. Die Geliebte als Pilgerin auf dem gleichen Weg, getrieben vom gleichen Verlangen, kann wunderbar hilfreich sein. Aber als Objekt des Verlangens – nun ja, ich will nicht unhöflich sein – lächerlich! Ich denke, die wirkliche Gefahr ist nicht, dass die Liebenden einander vergöttern, sondern dass sie den Eros selbst vergöttern.

Ich meine natürlich nicht, dass sie ihm Altäre bauen oder zu ihm beten. Die Vergötzung, von der ich rede, ist an der verbreiteten Missdeutung des Wortes Jesu abzulesen: «Ihre vielen Sünden sind ihr vergeben, denn sie hat viel geliebt» (Lukas 7,47). Der Zusammenhang und vor allem das Gleichnis von den Schuldnern, das unserem Vers unmittelbar vorausgeht, machen klar, dass damit gemeint ist: «Die Größe ihrer Liebe zu mir beweist die Größe der Sünden, die ich ihr vergeben habe.» (Das «denn» hier gleicht dem «denn» in dem Satz: «Er kann nicht ausgegangen sein, denn sein Hut hängt noch im Flur»; die Gegenwart seines Hutes ist nicht die Ursache, sondern ein wahrscheinlicher Beweis für sein Zuhausesein.) Aber Tausende von Leuten verstehen den Vers ganz anders. Zunächst nehmen sie – ohne Grund – an, die Sünden dieser Frau seien Sünden gegen die Keuschheit gewesen; es hätte sich genauso gut um Wucher, Übervorteilung oder Grausamkeit gegen Kinder handeln können. Und dann verstehen sie die Worte Jesu so: «Ich vergebe ihr die Unkeuschheit, denn sie war ja so verliebt.» Dahinter steckt die Meinung, dass starker Eros jede Handlung, zu der er führt, beschönigt oder gar rechtfertigt, ja sogar heiligt.

Man achte auf den Ton, wenn Liebende von einer Tat, die wir ablehnen, sagen: «Wir haben es aus Liebe getan.» Ein Mensch, der sagt: «Ich habe es aus Angst getan», oder: «Ich habe es im Zorn getan», redet ganz anders. Er entschuldigt sich für etwas, was nach seinem Gefühl eine Entschuldigung braucht. Aber Liebende meinen eigentlich kaum das. Man beachte, wie sie mit bebender Stimme, fast andächtig, das Wort «Liebe» aussprechen. Sie plädieren nicht so sehr für «mildernde Umstände». Sie berufen sich eher auf eine Autorität. Sie bekennen eine Tat – und sind fast stolz darauf. Vielleicht ist auch eine Spur von Trotz darin. Sie fühlen sich als «Märtyrer». In extremen Fällen liegt hinter solchen Worten im Grunde eine verhüllte, aber unerschütterliche Ergebenheit an den Liebesgott.

«Das Recht der Liebe hat gebilligt diese Gründe», sagt Miltons Dalila. Da haben wir es: das «Recht der Liebe». Als «Verliebte» haben wir unser eigenes «Gesetz», eine eigene Religion, einen eigenen Gott. Wo echter Eros zugegen ist, wird der Widerstand gegen seine Gebote als Glaubensabfall empfunden. Was (an christlichen Maßstäben gemessen) in Wirklichkeit Versuchungen sind, kommt daher wie Pflichten – sozusagen religiöse Pflichten, Handlungen frommen Liebeseifers. Eros baut seine eigene Religion rund um die Liebenden. Benjamin Constant[47] hat bemerkt, wie Eros zwischen Liebenden in wenigen Wochen oder Monaten eine gemeinsame Vergangenheit schafft, die ihnen unendlich lang scheint. Voller Verwunderung und andächtigem Staunen blicken sie immer wieder darauf zurück, wie die Psalmisten auf die Geschichte Israels. Sie ist in der Tat das Alte Testament der Liebesreligion: der Bericht von Gericht und Segen der Liebe über das erwählte Paar bis zu dem Augenblick, in dem sie sich zum ersten Mal als Liebende erkennen. Hier beginnt das Neue Testament. Sie stehen jetzt unter einem neuen Gesetz, das (in dieser Religion) der Gnade entspricht. Liebende sind Neugeschaffene. Der «Geist» des Eros hebt alle Gesetze auf, und sie dürfen ihn nicht «betrüben».

Er scheint alle möglichen Handlungen zu rechtfertigen, die sie sonst nie gewagt hätten. Ich denke nicht allein oder hauptsächlich an Handlungen, die die Keuschheit verletzen. Es kann sich genauso gut um Ungerechtigkeiten oder Lieblosigkeiten gegen die äußere Welt handeln. Sie kommen ihnen vor wie Beweise ihrer Frömmigkeit und ihres Eifers für Eros. Die Liebenden können beinahe opfermütig zueinander sagen: «Um der Liebe willen habe ich meine Eltern vernachlässigt – meine Kinder verlassen – meinen Partner hintergangen – meinen Freund in größter Not im Stich gelassen.» «Das Recht der Liebe hat gebilligt diese Gründe.» Die Verehrer des Liebesgottes empfinden solche Opfer vielleicht sogar als besonderes Verdienst: Gibt es eine kostbarere Opfergabe auf dem Altar der Liebe als das eigene Gewissen?

Und dabei ist es ein grimmiger Spaß, dass Eros, der von der Ewigkeit her zu uns zu sprechen scheint, selbst nicht unbedingt von Dauer ist. Er ist bekannt als die sterblichste von allen Liebesarten. Die Welt widerhallt von Klagen über seinen Wankelmut. Verblüffend ist die Verbindung dieses Wankelmuts mit seinen Beteuerungen der Treue. Wer verliebt ist, will und verspricht lebenslängliche Treue. Liebe legt unaufgefordert Gelübde ab; sie lässt sich nicht davon abhalten. «Ich werde dir immer treu sein» sind fast die ersten Worte, die sie spricht. Nicht geheuchelt, sondern aufrichtig. Keine Erfahrung kann sie von dieser Selbsttäuschung heilen. Wir haben alle schon von Leuten gehört, die sich alle paar Jahre von Neuem verlieben, jedes Mal ehrlich davon überzeugt, dass es «*diesmal* das Wahre» sei, dass jetzt Schluss sei mit dem Umherschweifen, dass sie die wahre Liebe gefunden hätten und bis zum Tode treu sein würden.

Und doch hat Eros auf seine Art recht, wenn er dieses Versprechen gibt. Das Ereignis des Sich-Verliebens ist von solcher Art, dass wir zu Recht den Gedanken unerträglich finden, es könne sich nur um ein vorübergehendes Gefühl handeln. Mit einem einzigen kühnen Sprung hat sich Eros über die Mauer unseres «Ichs» hinweggesetzt; er hat sogar die Lust altruistisch gemacht, persönliches Glück als belanglos beiseitegeschoben und die Anliegen eines anderen Menschen in die Mitte unseres Wesens eingepflanzt. Spontan und ohne Anstrengung haben wir das Gesetz (*einem* Menschen gegenüber) erfüllt, unseren Nächsten zu lieben wie uns selbst. Das ist ein Bild, ein Vorgeschmack dessen, was wir alle werden sollen, wenn die Liebe in Person ohne Rivalen in uns herrscht. Das kann im besten Fall sogar als Vorbereitung dienen. Wenn man einfach wieder zurückgleitet, sich bloß wieder «entliebt», so ist das – wenn ich das hässliche Wort prägen darf – eine Art «Entlösung». Es treibt Eros, etwas zu versprechen, was Eros aus sich selbst nicht halten kann.

Schaffen wir es, ein Leben lang in dieser selbstlosen Befreiung zu bleiben? Kaum eine Woche. Auch die denkbar besten Liebenden leben nicht ununterbrochen in diesem höchsten Zustand. Bald merkt man, dass das alte Ego nicht ganz so tot ist, wie es sich benahm – genau wie nach einer religiösen Bekehrung. In beiden Fällen mag es für den Augenblick zu Boden gestreckt sein. Bald erhebt es sich wieder; wenn nicht auf die Füße, so doch wenigstens auf die Ellbogen; wenn nicht mit Gebrüll, so doch wenigstens mit einem schmollenden Murren oder einem bettelnden Gewinsel. Und Venus gleitet oft in bloße Sexualität zurück.

Aber solche Ausrutscher werden eine Ehe zwischen zwei «anständigen und vernünftigen» Leuten nicht zerstören. Eine Gefahr, vielleicht gar der Ruin sind sie für jene Paare, die Eros vergöttert haben. Sie glaubten, Eros habe die Macht und die Wahrhaftigkeit eines Gottes. Sie glaubten, bloßes Gefühl werde ihnen genügen, und zwar dauernd, und mehr sei nicht nötig. Wenn diese Erwartung enttäuscht wird, schieben sie die Schuld Eros zu, oder häufiger dem Partner. In Wirklichkeit aber hat Eros seine Sache getan, wenn er sein gewaltiges Versprechen gegeben und in Lichtblicken gezeigt hat, wie die Realisierung aussehen könnte. Wie ein Taufpate legt er ein Gelübde ab; *wir* müssen es halten. *Wir* müssen uns darum bemühen, unser tägliches Leben immer mehr in Übereinstimmung zu bringen mit dem, was uns in den Lichtblicken offenbart wurde. Wir müssen die Werke des Eros tun, wenn Eros nicht zugegen ist. Das wissen alle guten Liebenden; jene, die nicht denkgewohnt oder redegewandt sind, drücken sich vielleicht mit bekannten Redewendungen aus: «Es ist eben nicht alle Tage Sonnenschein», «Wer A sagt, muss auch B sagen», «Man darf nicht zu viel erwarten», «Man muss halt ein bisschen vernünftig sein» und so ähnlich. Und alle guten Liebenden, die Christen sind, wissen, dass selbst dieses so bescheiden anmutende Programm nicht ohne Demut, Nächstenliebe und Gottes Gnade auszuführen ist; dass eigentlich das ganze christliche Leben – unter einem Aspekt gesehen – darin enthalten ist.

So offenbart Eros sein wahres Wesen – wie die anderen Liebesarten, nur auffälliger – durch seine Kraft und Süße, durch seinen Schrecken und sein großartiges Auftreten. Aus sich selbst heraus kann er nicht sein, was er sein muss, wenn er Eros bleiben soll. Er braucht Hilfe; er braucht einen Größeren. Eros stirbt oder wird zum Dämon, wenn er nicht Gott gehorcht. Es wäre gut, wenn er in solchen Fällen immer stürbe. Aber er kann auch weiterleben, gnadenlos zwei gegenseitige Folterer aneinanderketten, jeder von der Hassliebe vergiftet, misshandelt, gierig im Nehmen und unerbittlich geizig im Geben, eifersüchtig, misstrauisch, nachtragend, um die Oberhand kämpfend, entschlossen zur Freiheit, aber nicht bereit, dem anderen Freiheit zu gewähren, von «Szenen» lebend. Man lese «Anna Karenina» und bilde sich nicht ein, so etwas komme nur in Russland vor. Die übertreibende Redewendung von Liebenden, sich gegenseitig «aufzufressen», kann der Wirklichkeit grauenhaft nahekommen.

V.

Agape

Agape,

engl. charity – meint die Liebe Gottes zu den Menschen und davon abgeleitet jede Liebe von göttlicher Qualität (vgl. Johannes 15,12: «Das ist mein Gebot, dass ihr einander liebt, gleichwie ich euch geliebt habe.»). Da es im Deutschen kein Wort gibt, das zugleich treffend und umfassend genug ist, bedienen wir uns des griechischen Agape.

William Morris schrieb ein Gedicht mit dem Titel «Liebe genügt», und jemand soll kommentiert haben: «Nein.» Das ist das Anliegen dieses Buches: Die natürliche Liebe ist in sich selbst nicht genug. Etwas anderes muss dem bloßen Gefühl zu Hilfe kommen, wenn dieses Gefühl gut bleiben soll. Wir haben es zuerst ziemlich vage als «Anstand und Vernunft» bezeichnet; später hat es sich als Güte erwiesen und schließlich als das ganze Christenleben unter einem bestimmten Aspekt.

Eine solche Aussage setzt die natürlichen Liebesarten nicht herab, sondern weist darauf hin, wo ihre wahre Größe liegt. Man denkt nicht geringschätzig von einem Garten, wenn man sagt, er stelle seinen Zaun nicht selbst auf, er jäte das Unkraut nicht selbst, er beschneide seine eigenen Obstbäume nicht und er walze und mähe auch den Rasen nicht. Ein Garten ist etwas Gutes, aber diese Qualitäten gehen ihm ab. Er bleibt nur dann ein Garten, im Unterschied zur Wildnis, wenn jemand all diese Arbeiten an ihm tut. Seine wahre Größe ist von ganz anderer Art. Gerade die Tatsache, dass er dauernd gejätet und beschnitten werden muss, zeugt von dieser Größe. Er strotzt von Leben. Er leuchtet in allen Farben, duftet wie der Himmel und bringt zu jeder Stunde eines Sommertages Schönheiten hervor, die der Mensch nie hätte schaffen oder auch nur – aus sich selbst heraus – ersinnen können. Der Unterschied zwischen dem Beitrag des Gartens und dem des Gärtners liegt auf der Hand, wenn wir uns das gewöhnlichste Kraut vorstellen und daneben Hacke, Rechen, Schere und ein Paket Unkrautvernichter. Da haben wir auf der einen Seite Schönheit, Kraft und Fruchtbarkeit, auf der anderen tote, sterile Dinge. Genauso grau und tot nehmen sich «Anstand und Vernunft» aus neben der Wärme der Liebe. Und wenn der Garten in voller Blüte steht, so ist der Beitrag des Gärtners zu dieser Pracht, verglichen mit dem der Natur, dürftig. Wenn kein Leben aus dem Boden sprießt, wenn kein Regen, kein Licht, keine Wärme vom Himmel kommen, so kann er nichts tun. Alles, was er tun kann, ist hier ein wenig nachhelfen, dort ein wenig zurückbinden – Kräfte und Schönheiten, die eine andere Quelle haben. Sein Anteil ist zwar klein, aber unerlässlich und mühselig.

Als Gott einen Garten anlegte, setzte er einen Menschen darüber, der ihm selbst unterstand. Als er den Garten unserer menschlichen Natur anlegte und die Blüten und Früchte unserer Liebe darin wachsen ließ, setzte er unseren Willen ein, um sie zu «hegen». Mit ihnen verglichen ist er trocken und kalt. Und wenn Gottes Gnade nicht auf uns herabkommt wie Regen und Sonnenschein, so nützt uns dieses Werkzeug wenig. Doch seine mühseligen – und größtenteils korrigierenden, beschneidenden – Dienste sind unerlässlich. Wenn sie schon nötig waren, als der Garten noch paradiesisch war, wie viel mehr jetzt, da der Boden sauer geworden ist und die schlimmsten Unkräuter am besten zu gedeihen scheinen! Der Himmel bewahre uns jedoch davor, dass wir im Geiste der Moralapostel und der Stoiker an die Arbeit gehen. Wir wissen beim Hacken und Schneiden sehr wohl, dass das, was wir hacken und beschneiden, prallvoll ist von einem Glanz und einer Lebendigkeit, die unser vernünftiger Wille aus sich selbst nie beisteuern könnte. Diesen Glanz zu befreien, ihn ganz das werden zu lassen, was er zu sein versucht, damit hohe Bäume wachsen statt des wirren Gestrüpps und saftige Früchte statt Holzäpfel, das ist ein Teil unserer Aufgabe.

Aber nur ein Teil. Denn jetzt müssen wir ein Thema in Angriff nehmen, das ich lange hinausgeschoben habe. Bisher war in diesem Buch kaum die Rede davon, wie die natürlichen Liebesarten Rivalen der Gottesliebe werden können. Jetzt können wir diese Frage nicht länger umgehen. Ich hatte zwei Gründe, sie hinauszuschieben.

Einer wurde schon angedeutet: Diese Frage ist nicht der Punkt, an dem die meisten von uns ansetzen müssen. Sie entspricht selten unserer Ausgangslage. Für die meisten besteht die wahre Rivalität zwischen dem Ich und dem Mitmenschen, noch nicht zwischen dem Mitmenschen und Gott. Es ist gefährlich, einem Menschen die Pflicht aufzudrängen, irdische Liebe hinter sich zu lassen, wenn seine wahre Schwierigkeit darin besteht, dass er sie noch gar nicht erreicht hat. Und zweifellos ist es leicht genug, einen Mitmenschen weniger zu lieben und sich dabei einzubilden, das sei so, weil wir gelernt hätten, Gott mehr zu lieben – wenn der wahre Grund ein ganz anderer ist. Vielleicht ist das, was wir für eine Zunahme der Gnade halten, nur der Verfall der Natur. Viele Leute finden es gar nicht so schwierig, ihre Frauen und Mütter zu hassen. Mauriac[48] stellt in einer schönen Szene dar, wie dieses seltsame Gebot die Jünger vor den Kopf stößt und befremdet – ausgenommen Judas. Ihm fällt es leicht.

Aber auch in anderer Hinsicht wäre es voreilig gewesen, schon früher auf die Rivalität einzugehen. Der Anspruch auf Göttlichkeit, den unsere natürliche Liebe so gern erhebt, kann auch anders widerlegt werden. Unsere Liebe beweist, dass sie unwürdig ist, die Stelle Gottes einzunehmen, indem sie ohne seine Hilfe nicht einmal sie selbst bleiben und ihre Versprechungen halten kann. Wozu soll man beweisen, dass irgendein lächerlicher kleiner Fürst nicht der rechtmäßige Kaiser ist, wenn er ohne Unterstützung durch den Kaiser nicht einmal ein halbes Jahr lang seinen unbedeutenden Thron halten und in seiner kleinen Provinz Frieden schaffen kann?

Schon um ihrer selbst willen muss sich die natürliche Liebe in ihren untergeordneten Rang fügen, wenn sie bleiben will, was sie sein möchte. Unter diesem Joch gewinnt sie ihre wahre Freiheit: «Gebeugt ist sie größer.» Denn wo Gott in einem Menschenherz die Regierung übernimmt, da entlässt er manche der einheimischen Obrigkeiten ganz aus ihrem Dienst; viele aber lässt er in ihrem Amt, und indem er ihre Macht der seinen unterstellt, gibt er ihr zum ersten Mal eine feste Grundlage. Emerson hat gesagt: «Wenn Halbgötter gehen, ziehen die Götter ein.» Das ist eine sehr zweifelhafte Maxime. Besser wäre: «Wenn Gott einzieht (und nur dann), können die Halbgötter bleiben.» Sich selbst überlassen, lösen sie sich auf oder werden zu Dämonen. Nur in Gottes Namen können sie in Schönheit und Geborgenheit «ihre Dreizäckchen schwingen». Der rebellische Slogan «Alles für die Liebe» ist in Wirklichkeit das Todesurteil der Liebe (Datum der Hinrichtung vorläufig noch offen).

Die Frage der Rivalität wurde aus diesen Gründen hinausgeschoben. Aber jetzt muss sie behandelt werden. In jeder früheren Epoche – das 19. Jahrhundert ausgenommen – hätte sie ein Buch über dieses Thema von Anfang bis Ende überschattet. Die Viktorianer musste man daran erinnern, dass Liebe nicht genügt, die älteren Theologen aber sagten immer laut und deutlich, dass (natürliche) Liebe eher mehr als genug sei. Die Gefahr, dass man seine Mitmenschen zu wenig lieben könnte, war ihnen nicht so bewusst wie die Gefahr, sie abgöttisch zu lieben. In jeder Frau und Mutter, in jedem Kind und jedem Freund sahen sie einen möglichen Rivalen Gottes. Und das sagt natürlich auch der Herr (Lukas 14,26).

Es gibt eine Methode, uns vor der maßlosen Liebe zu den Mitmenschen zu schützen, die ich von allem Anfang an verwerfen muss. Ich tue es mit Zittern und Zagen, denn ich bin ihr in den Schriften eines großen Heiligen und Denkers begegnet, dem ich Unschätzbares verdanke.

In Worten, die einem heute noch Tränen in die Augen treiben können, beschreibt Augustinus die Trostlosigkeit, in die ihn der Tod seines Freundes Nebridius gestürzt hat (*Bekenntnisse* IV 4ff.). Dann zieht er daraus eine Moral: Das kommt davon, sagt er, wenn man das Herz an etwas anderes hängt als an Gott. Alle Menschen sind vergänglich. Hänge dein Glück nicht an etwas, was du verlieren kannst. Wenn Liebe ein Segen und nicht eine Qual sein soll, muss sie sich an den einzigen Geliebten halten, der nie vergehen wird.

Das ist natürlich höchst vernünftig. Bewahre deine Vorräte nicht in einem undichten Gefäß auf. Steck nicht zu viel Geld in ein Haus, das man dir kündigen kann. Und kein Mensch spricht leichter auf solch raffinierte Aufforderungen zur Vorsicht an als ich. Ich bin ein Geschöpf mit Frühwarnsystem. Von allen Argumenten gegen die Liebe macht meiner Natur keines stärkeren Eindruck als: «Aufgepasst! Daran könntest du noch zu leiden haben!»

Allerdings nur meiner Natur, meinem Temperament, nicht meinem Gewissen. Wenn ich jenem Impuls gehorche, scheine ich tausend Meilen von Christus entfernt. Wenn mir eines klar ist, dann dies: Seine Lehre war nie dazu bestimmt, mich in meiner angeborenen Vorliebe für sichere Anlagen und beschränkte Haftung zu bestärken. Ich zweifle, ob etwas in mir steckt, an dem er weniger Gefallen hat. Und ist es denkbar, dass jemand aus solch vorsichtigem Abwägen heraus Gott zu lieben beginnt – weil das sozusagen mehr Sicherheit bietet? Wer könnte das Sicherheitsbedürfnis je zu den Motiven für die Liebe zählen? Würden Sie eine Frau, einen Freund oder auch nur einen Hund in diesem Geist wählen? Man muss weit weg von jeder Liebe sein, wenn man so rechnet. Eros, der gesetzlose Eros, der den geliebten Menschen dem Glück vorzieht, ist der Liebe Gottes näher als diese Vorsicht.

Ich glaube, diese Stelle der «Bekenntnisse» ist nicht so sehr ein Teil von Augustinus' Christentum als ein Überbleibsel der hochgesinnten heidnischen Philosophien, in denen er aufwuchs. Sie steht der stoischen «Apathie» oder dem neuplatonischen Mystizismus näher als der christlichen *Agape*. Wir folgen dem nach, der über Jerusalem und am Grab des Lazarus geweint hat, der zwar alle liebte, aber doch einen «Lieblingsjünger» hatte. Paulus hat für uns mehr Autorität als Augustinus – Paulus verrät mit keiner Silbe, dass er nicht wie ein Mensch gelitten hat oder dass er dachte, er dürfe nicht leiden, wenn Epaphroditus gestorben wäre (Philipper 2,27).

Selbst wenn wir der Meinung wären, dass Versicherungen gegen gebrochene Herzen unsere höchste Weisheit sind – bietet Gott selbst sie an? Offenbar nicht. Die letzten Worte Christi waren: «Warum hast du mich verlassen?»

Es gibt keinen Ausweg nach der Weise des Augustinus. Und nach keiner anderen Weise. Es gibt keine sichere Anlage. Lieben heißt verletzlich sein. Liebe irgendetwas, und es wird dir bestimmt zu Herzen gehen oder gar das Herz brechen. Wenn du ganz sicher sein willst, dass deinem Herzen nichts zustößt, dann darfst du es nie verschenken, nicht einmal an ein Tier. Umgib es sorgfältig mit Hobbys und kleinen Genüssen; meide alle Verwicklungen; verschließ es sicher im Schrein oder Sarg deiner Selbstsucht. Aber in diesem Schrein – sicher, dunkel, reglos, luftlos – verändert es sich. Es bricht nicht; es wird unzerbrechlich, undurchdringlich, unerlösbar. Die Alternative zum Leiden, oder wenigstens zum Wagnis des Leidens, ist die Verdammung. Es gibt nur einen Ort außer dem Himmel, wo wir vor allen Gefahren und Wirrungen der Liebe vollkommen sicher sind: die Hölle.

Ich bin überzeugt, dass die gesetz- und maßloseste Liebe dem Willen Gottes weniger entgegensteht als die gewollte, selbstschützerische Lieblosigkeit. Die ist wie der Knecht, der sein Pfund in seinem Schweißtuch verwahrte, und zwar aus dem gleichen Grund: «Ich fürchtete dich, weil du ein strenger Mann bist.» Christus hat nicht dafür gelehrt und gelitten, damit wir uns nun mehr Sorgen um unser Glück machen, und sei es in der natürlichen Liebe. Wer seine Mitmenschen, die er sieht, mit Berechnung liebt, wird es wohl auch gegenüber Gott, den er nicht sieht, tun. Wir sollen uns Gott nähern, nicht indem wir dem Leiden, das zur Liebe gehört, ausweichen, sondern indem wir es annehmen und ihm darbringen; indem wir allen Selbstschutz fahren lassen. Wenn unsere Herzen gebrochen werden müssen und wenn Gott diesen Weg wählt, sie zu brechen, so soll er es tun.

Es bleibt aber doch wahr, dass jede natürliche Liebe maßlos werden kann. «Maßlos» heißt nicht «unvorsichtig». Auch nicht «zu groß». Es ist keine Frage der Quantität. Wahrscheinlich ist es unmöglich, einen Menschen «zu sehr» zu lieben. Wir lieben ihn vielleicht zu sehr *im Verhältnis* zu unserer Liebe zu Gott; aber nicht die Größe unserer Liebe zu dem Menschen ist falsch, sondern die Kleinheit unserer Liebe zu Gott.

Doch auch diese Feststellung müssen wir differenzieren. Sonst verwirren wir manche, die sich sehr wohl auf dem richtigen Weg befinden, aber beunruhigt sind, weil sie für Gott nicht ein ebenso warmes Gefühl empfinden wie für den geliebten Menschen. Ich finde, es wäre sehr zu wünschen, dass wir das alle immer könnten. Wir müssen um diese Gabe beten. Lieben wir Gott oder einen Menschen «mehr»? Das ist, soweit es unsere Christenpflicht betrifft, nicht eine Frage der vergleichsweisen Intensität zweier Gefühle. Die wirkliche Frage heißt: Welchem von beiden dienst du, welchen wählst du, welchen setzt du an die erste Stelle (wenn du entscheiden musst)? Welchem Anspruch fügt sich dein Wille letztlich?

Wie so oft sind die Worte Jesu viel strenger und gleichzeitig viel erträglicher als diejenigen der Theologen. Er sagt nichts davon, dass wir uns vor irdischer Liebe hüten müssten aus Angst, dass sie uns verletzen könnte. Was er sagt, ist wie ein Peitschenhieb: Wir sollen nämlich jede irdische Liebe mit Füßen treten, sobald sie uns daran hindert, ihm zu folgen. «Wenn jemand zu mir kommt und hasst nicht seinen Vater und seine Mutter, seine Frau ... aber auch sein eigenes Leben, so kann er nicht mein Jünger sein» (Lukas 14,26).

Aber wie ist das Wort «hassen» zu verstehen? Dass die Liebe in Person befehlen sollte, was wir gewöhnlich mit Hass meinen – einen Groll hegen und pflegen, sich am Unglück eines anderen weiden, sich daran ergötzen, ihm wehzutun –, ist fast ein Widerspruch in sich selbst. Ich nehme an, Jesus «hasste» Petrus im hier gemeinten Sinn, als er sagte: «Weiche von mir, Satan!» Hassen heißt zurückweisen, Widerstand leisten, keine Konzessionen machen, wenn der geliebte Mensch Vorschläge des Teufels macht, auch wenn sie noch so freundlich oder mitleiderregend klingen. Wer zwei Herren dienen will, sagt Jesus, wird den einen «hassen» und den anderen «lieben». Dabei geht es bestimmt nicht nur um Gefühle der Abneigung und der Sympathie. Er wird dem einen anhangen, mit ihm eingehen, für ihn arbeiten; zum anderen steht er nicht so.

Da ist auch jene Stelle: «[Ich habe] Jakob geliebt, Esau aber habe ich *gehasst*» (Maleachi 1,2–3). Wie spielt sich das in der biblischen Erzählung selbst ab, was hier als Gottes «Hass» bezeichnet wird? Gar nicht, wie wir vielleicht erwarten. Es gibt keinen Grund anzunehmen, Esau habe ein schlimmes Ende genommen und sei eine verlorene Seele. Das Alte Testament sagt nichts über solche Dinge, weder hier noch anderswo. Und nach allem, was wir wissen, war Esaus irdisches Leben in mancher Hinsicht viel reicher gesegnet als Jakobs. Jakob dagegen erlebt lauter Enttäuschungen, Demütigungen, Schrecken und Verluste. Aber er hat etwas, was Esau nicht hat: Er ist ein Erzvater. Er gibt die hebräische Überlieferung weiter, vermittelt die Berufung und den Segen, wird ein Vorfahr Jesu. Die «Liebe» zu Jakob bedeutet wohl, dass Jakob für eine hohe (und schmerzhafte) Berufung auserwählt wird; der «Hass» gegen Esau, dass er zurückgewiesen wird. Er wird abgelehnt, er genügt den Anforderungen nicht, er fällt durch, er erweist sich als ungeeignet. Gerade so müssen wir letztlich unsere Allernächsten und Liebsten zurückweisen oder übergehen, wenn sie sich zwischen uns und unseren Gehorsam gegen Gott stellen. Weiß der Himmel, sie werden das sicher für Hass halten. Wir dürfen dem Mitleid, das wir empfinden, nicht nachgeben; wir müssen für ihre Tränen blind und für ihr Betteln taub sein.

Ich möchte nicht sagen, diese Pflicht sei schwer. Manche finden sie nur zu leicht, andere beinahe unerträglich. Aber es ist für alle schwer, zu wissen, wann der Anlass zu solchem «Hassen» gekommen ist. Unser Temperament täuscht uns. Den Sanften und Weichen – Pantoffelhelden, nachgiebigen Frauen, vernarrten Eltern, braven Kindern – fällt es schwer, zu glauben, dass es je Zeit dafür sein könnte. Selbstsichere Leute mit einem Schuss Brutalität in sich glauben es nur zu leicht. Darum ist es ungeheuer wichtig, die natürliche Liebe so zu ordnen, dass sich dieser Anlass kaum je einstellen wird.

Wie sich das erreichen lässt, können wir auf einer viel primitiveren Ebene beobachten, wenn der Kavalier-Dichter Lovelace, der in den Krieg zieht, zu seiner Dame spricht:

«Ich liebte dich nicht, wie ich's tu,
liebt' Ehre ich nicht mehr.»

Sicher gibt es Frauen, denen dieser Schwur nichts bedeutet. «Ehre» gehört einfach zu dem dummen Zeug, wovon Männer schwatzen; eine bloße Ausrede, denn der Dichter ist drauf und dran, gegen das «Gesetz der Liebe» zu verstoßen, und die Ausrede der «Ehre» macht es nur schlimmer. Lovelace kann seine Begründung zuversichtlich vorbringen, denn seine Dame ist eine Kavaliersdame, die die Ansprüche der Ehre genau wie er selbst gelten lässt. Er braucht sie nicht zu «hassen» und sich gegen sie zu behaupten, denn sie anerkennen beide dasselbe Gesetz. Seit Langem verstehen sie sich in diesem Punkt und sind sich einig. Er muss sie nicht erst jetzt, da sie vor die Entscheidung gestellt sind, von seinem Glauben an die Ehre überzeugen.

Eine solche vorausgegangene Übereinkunft ist nötig, wenn es um einen weit größeren Anspruch als den der Ehre geht. Wenn es zur Krise kommt, ist es zu spät, einer Frau oder einem Mann, einer Mutter oder einem Freund zu erklären, dass du in deiner Liebe schon immer heimlich einen Vorbehalt gemacht hast – «so Gott will» oder «soweit es eine höhere Liebe erlaubt». Sie hätten längst gewarnt sein müssen; gewiss nicht ausdrücklich, aber durch die stillschweigende Voraussetzung in tausend Gesprächen, durch die Haltung, die sich in hundert Entscheidungen über alltägliche Dinge gezeigt hat. Ja, eine wirkliche Meinungsverschiedenheit in dieser Kernfrage sollte so früh spürbar werden, dass sie eine Ehe oder eine Freundschaft schon im Entstehen verhindert. Gute Liebe jeglicher Art ist nicht blind. Oliver Elton[49] sagt von Carlyle[50] und Mill[51], dass sie über Gerechtigkeit verschiedener Ansicht gewesen seien und dass eine solche Meinungsverschiedenheit natürlich tödlich sei «für jede Freundschaft, die diesen Namen verdient». Wenn «alles für die Liebe» – und zwar buchstäblich «alles» – die Einstellung der geliebten Person ist, dann lohnt es sich nicht, diese Liebe zu besitzen. Sie steht nicht in rechter Beziehung zur Liebe in Person.

Und damit komme ich zum Fuß des letzten steilen Anstiegs, den dieses Buch wagen muss: Wir müssen versuchen, die menschlichen Aktivitäten, die wir «Liebe» nennen, mit der Liebe, die Gott ist, in Beziehung zu bringen, und zwar etwas genauer als bisher. Die Genauigkeit kann natürlich nur die eines Modells oder Symbols sein; es wird uns auf die Dauer sicher nicht befriedigen und braucht schon jetzt die Korrektur durch andere Modelle. Der Geringste unter uns kann im Stand der Gnade die Liebe in Person in einem gewissen Maß *kennen,* kann einen «Vorgeschmack» von ihr haben; aber auch der heiligste und einsichtigste Mensch hat kein direktes *Wissen* über das höchste Wesen – nur Analogien. Wir können das Licht nicht sehen. Aber wir können dank des Lichts sehen. Aussagen über Gott sind Extrapolationen aus dem Wissen über andere Dinge, die wir kennen, weil göttliche Einsicht uns dazu befähigt.

Ich lege hier so großes Gewicht auf diese demütige Perspektive, weil man im Folgenden aus meinem Bemühen, klar (und nicht unerträglich langatmig) zu sein, ein Selbstvertrauen ablesen könnte, das ich keineswegs empfinde. Ich wäre ja von Sinnen, wenn ich so fühlte. Nehmen Sie es als Träumerei, als so etwas wie den Mythos eines einzelnen Menschen. Wenn Ihnen daran etwas nützlich scheint, brauchen Sie es; wenn nicht, vergessen Sie es.

Gott ist Liebe. Und weiter: «Darin besteht die Liebe – nicht dass wir Gott geliebt haben, sondern dass er uns geliebt hat» (1. Johannes 4,10). Wir dürfen nicht mit der Mystik beginnen, mit der Liebe der Geschöpfe zu Gott oder mit dem wunderbaren Vorgeschmack der Erfüllung in Gott, der einigen in ihrem irdischen Leben gewährt wird. Wir fangen mit dem wirklichen Anfang an, mit der Liebe als Kraft Gottes. Diese Ur-Liebe ist schenkende Liebe. In Gott ist kein Hunger, der gestillt werden muss, nur Fülle, die schenken will. Die Lehre, dass Gott es nicht nötig hatte, irgendetwas zu schaffen, ist keine trockene Spekulation der Theologen. Sie ist entscheidend. Ohne sie können wir wohl kaum vermeiden, in Gott so eine Art «Manager» zu sehen: ein Wesen, das dazu da ist, das Weltall zu «leiten», das ihm vorsteht wie ein Rektor seiner Schule oder ein Hotelier seinem Hotel. Herr der Welt sein ist für Gott keine große Sache. In sich selbst, im «Lande der Dreieinigkeit», ist er Herr eines viel größeren Reiches.

Wir müssen uns immer die Vision der Juliana von Norwich vor Augen halten: Gott trägt einen kleinen Gegenstand wie eine Nuss auf der Hand, und diese Nuss ist «alles Geschaffene». Gott, der nichts nötig hat, liebt völlig überflüssige Geschöpfe ins Dasein, um sie zu lieben und zu vervollkommnen. Er schafft das Universum, und er sieht alles voraus – oder sollten wir einfach sagen «sieht»? In Gott gibt es ja keine Zeiten –: die Wolke brummender Fliegen, die das Kreuz umschwärmen, den zerschundenen, gegen den rauen Pfahl gepressten Rücken, die durch Hand- und Fußnerven getriebenen Nägel, die wiederholten Erstickungsanfälle, wenn der Körper zusammensackt, immer wieder die Qual im Rücken und in den Armen, wenn sie ihn beim Atemholen hochreißen. Wenn ich das biologische Gleichnis wagen darf: Gott ist der «Wirt», der absichtlich seine eigenen Parasiten schafft; er ruft uns ins Sein, damit wir ihn ausbeuten und «übervorteilen» können. So ist die Liebe. Das ist das Abbild der Liebe in Person, die alle Arten von Liebe erfunden hat.

Gott, der Schöpfer der Natur, hat beides in uns gelegt, schenkende und bedürftige Liebe. Die schenkenden Liebesarten sind natürliche Abbilder seiner selbst; sie sind ihm nahe durch ihre Ähnlichkeit, die nicht unbedingt und bei allen Menschen eine «Nähe im Suchen» bedeutet. Eine hingebungsvolle Mutter, ein wohltätiger Herrscher oder Lehrer können geben und geben und dadurch eine Ähnlichkeit zu Gott zeigen, ohne sich ihm zu nähern. Die bedürftigen Liebesarten haben, soweit ich es sehe, keine Ähnlichkeit mit der Liebe, die Gott ist. Sie sind eher Negative, Gegenstücke; natürlich nicht so, wie das Böse das Gegenteil des Guten ist, sondern so, wie die Form des Puddings das Negativ der Puddingform ist.

Über diese natürlichen Liebesarten hinaus kann Gott eine noch viel bessere Gabe verleihen; oder vielmehr, da unser Geist nun einmal unterscheiden und einteilen muss: zwei Gaben.

Er gibt den Menschen Anteil an seiner eigenen schenkenden Liebe. Sie ist anders als die schenkende Liebe, die er der menschlichen Natur eingebaut hat. Diese sucht nie ganz ausschließlich das Wohl des geliebten Menschen, einfach um dieses Menschen willen. Sie zieht das Gute vor, das sie selbst geben kann oder das sie selbst am liebsten hätte oder das am besten zum vorgefassten Bild passt, das sie sich selbst vom Leben des geliebten Menschen gemacht hat. Aber schenkende Liebe göttlicher Art – die Liebe in Person, die in einem Menschen wirkt – ist völlig selbstlos und will einfach das, was für den geliebten Menschen am besten ist.

Ferner wendet sich die natürliche schenkende Liebe immer an Menschen, die der Liebende irgendwie in sich selbst liebenswert findet – Menschen, zu denen ihn Zuneigung, Eros oder gleiche Ansichten hinziehen. Oder wenn von alledem nichts vorhanden ist, so sind es vielleicht die Dankbaren oder die, die es verdienen, oder vielleicht solche, deren Hilflosigkeit von gewinnender Art ist. Göttliche schenkende Liebe aber befähigt einen Menschen, die zu lieben, die natürlicherweise nicht liebenswert sind: Aussätzige, Kriminelle, Feinde oder Idioten, die Mürrischen, Überheblichen und die Spötter.

Schließlich befähigt Gott die Menschen – welch ein Widerspruch! – zu einer schenkenden Liebe ihm selbst gegenüber. Natürlich kann niemand Gott etwas schenken, was ihm nicht bereits gehört; und wenn es ihm schon gehört, was hast du ihm dann geschenkt? Aber es ist ja nur zu offensichtlich, dass wir uns selbst Gott vorenthalten können, unseren Willen, unser Herz – und in diesem Sinn können wir es ihm auch schenken. Was ihm rechtmäßig zusteht, was ohne ihn keine Sekunde bestehen könnte (wie das Lied ohne den Sänger nichts ist), das hat er uns doch in einer Weise anvertraut, dass wir es ihm freiwillig zurückgeben können. «Wir haben unseren Willen, um ihn dir zu schenken.»

Und wie jeder Christ weiß, gibt es noch eine andere Art, Gott etwas zu schenken: Jeder Fremdling, den wir speisen oder kleiden, ist Christus. Und dies ist offenbar schenkende Liebe zu Gott, ob wir es wissen oder nicht. Die Liebe in Person kann auch in Menschen wirken, die nichts von ihr wissen. Die «Schafe» im Gleichnis haben keine Ahnung, dass Gott in den Gefangenen verborgen war, die sie besuchten, noch, dass er in ihnen selbst verborgen war, als sie sie besuchten. (Ich verstehe das Gleichnis als Aussage über das Gericht der Heiden. Denn im Griechischen heißt es am Anfang, der Herr werde alle «Nationen» vor sich versammeln – das meint wohl die Heiden, die *Gojim*.)

Dass solche schenkende Liebe Gnade ist und *Agape* genannt werden sollte, wird jedermann zugeben. Aber ich habe etwas hinzuzufügen, was man vielleicht nicht so leicht gelten lässt. Mir scheint, Gott gebe noch zwei andere Gaben: eine übernatürliche bedürftige Liebe gegen ihn selbst und eine übernatürliche bedürftige Liebe gegen andere Menschen. Mit der ersten meine ich nicht die wertschätzende Liebe zu ihm, die Gabe der Anbetung. Das wenige, was ich zu diesem höheren – dem höchsten – Thema zu sagen habe, kommt später.

Ich meine eine Liebe, die nicht im Traum an Selbstlosigkeit denkt; ich meine eine bodenlose Armut. Wie ein Fluss, der sich sein eigenes Bett gräbt, wie ein Zauberwein, der beim Einschenken zugleich das Glas schafft, das ihn auffängt, so verwandelt Gott unser Bedürfnis nach ihm in bedürftige Liebe nach ihm.

Noch seltsamer ist es, dass er in uns eine mehr als natürliche Empfänglichkeit für die Nächstenliebe unserer Mitmenschen schafft. Bedürftigkeit kommt der Begehrlichkeit so nahe, und wir sind bereits so begehrlich, dass diese Gnade seltsam anmutet. Aber es will mir nicht aus dem Kopf, dass genau das geschieht.

Betrachten wir zuerst die übernatürliche, durch Gnade verliehene bedürftige Liebe zu Gott. Natürlich schafft die Gnade nicht das Bedürfnis. Das ist bereits vorhanden, «gegeben» (wie die Mathematiker sagen) in der simplen Tatsache, dass wir Geschöpfe sind, und unendlich größer, weil wir gefallene Geschöpfe sind. Was die Gnade verleiht, ist die volle Erkenntnis, das völlige Eingeständnis – ja, unter Vorbehalt sogar das frohe Eingeständnis – dieser Bedürftigkeit. Denn ohne Gnade liegen unsere Wünsche und das, was wir nötig haben, im Streit.

All die Ausdrücke der Unwürdigkeit, welche die Christen im Mund zu führen pflegen, erscheinen der Außenwelt wie die erniedrigende und unaufrichtige Kriecherei eines Schmeichlers vor dem Tyrannen oder bestenfalls wie eine Floskel, etwa nach der Art eines chinesischen Herrn, der sich selbst «diese rohe und ungebildete Person» nennt. In Wirklichkeit aber sind sie der immer wieder neue, weil immer wieder nötige Versuch, jenes Missverständnis abzuwehren, das uns unsere Natur über uns selbst und über unsere Beziehung zu Gott einflüstert, bis in unsere Gebete hinein. Kaum glauben wir, dass Gott uns liebt, sagt uns schon ein Impuls, dass Gott uns nicht etwa liebt, weil er Liebe ist, sondern weil wir in uns selbst liebenswert sind. Die Heiden folgten diesem Impuls ohne Scheu: Ein guter Mensch war ein «Liebling der Götter», weil er gut war. Wir wissen es besser – und sinnen auf Ausflüchte. Wir meinen nicht, wir hätten Tugenden, um derentwillen Gott uns lieben könnte, bewahre! Aber wie wunderbar haben wir Buße getan! Wie Bunyan sagt, wo er von seiner ersten vermeintlichen Bekehrung schreibt: «Ich glaubte, es gebe in England keinen Menschen, der Gott besser gefallen hätte als ich.»

Sind wir in diesem Punkt entlarvt, so bieten wir Gott als Nächstes unsere Demut zur Bewunderung an. Die wird ihm doch bestimmt gefallen. Oder wenigstens unser einsichtiges und demütiges Geständnis, dass es uns immer noch an Demut fehlt. Und so bleibt Schicht um Schicht der immer subtilere Gedanke hängen, dass wir – wir selbst! – liebenswert seien. Es ist leicht einzusehen, aber fast unmöglich, über längere Zeit das Bewusstsein zu bewahren, dass wir Spiegel sind, deren Glanz – wenn wir überhaupt glänzen – ganz von der Sonne stammt, die uns bescheint. Wir müssen doch bestimmt über ein bisschen – nur ein ganz kleines bisschen – eigene Leuchtkraft verfügen! Wir können doch nicht *nur* Geschöpfe sein.

An die Stelle dieses verworrenen, absurden Bedürfnisses oder gar einer bedürftigen Liebe, die ihre Bedürftigkeit nie ganz zugibt, setzt die Gnade das umfassende kindliche und freudige Annehmen unserer Not, eine Freude an völliger Abhängigkeit. Wir werden zu «fröhlichen Bettlern». Dem guten Menschen sind seine Sünden leid, die seine Bedürftigkeit vergrößert haben. Aber es ist ihm nicht ganz so leid, dass er dadurch aufs Neue bedürftig geworden ist. Und dass in seiner geschöpflichen Struktur eine unschuldige Bedürftigkeit enthalten ist, ist ihm gar nicht leid. Denn immer ist es diese Illusion, an die sich unsere Natur klammert wie an den letzten Strohhalm, diese Täuschung, dass wir irgendetwas in uns selbst sind oder dass wir doch wenigstens das Gute, das Gott in uns hineinlegt, auch nur eine Stunde lang festhalten können – immer ist es diese Illusion, die uns vor unserem Glück steht. Wir sind wie Schwimmer, die mit den Füßen – wenigstens mit einem Fuß oder mit einer einzigen Zehe – am Boden bleiben wollen; würden wir diesen Halt loslassen, so könnten wir uns in die herrlichen Fluten hineinwerfen. Wenn wir den letzten Anspruch auf eigene Freiheit, Macht und Würde preisgeben können, erhalten wir wahre Freiheit, Macht und Würde, die uns auch wirklich gehören, weil Gott sie uns schenkt und weil wir wissen, dass sie uns (in einem anderen Sinn) nicht «zustehen». Anodos ist seinen Schatten los.[52]

Aber Gott verändert auch unsere bedürftige Liebe gegenüber anderen Menschen – und diese hat eine Veränderung ebenso nötig. In Wirklichkeit brauchen wir alle dann und wann, manche von uns fast immer, jene Liebe von anderen, die durch die Liebe in Person das Unliebenswerte liebt. Das ist zwar die Sorte Liebe, die wir brauchen, aber nicht die Sorte Liebe, die wir uns wünschen. Wir möchten geliebt werden, weil wir gescheit, schön, großzügig, gerecht oder nützlich sind. Die erste Andeutung davon, dass uns jemand die allerhöchste Form der Liebe entgegenbringt, ist für uns ein schlimmer Schock. Das ist so wohlbekannt, dass boshafte Leute tun, als liebten sie uns mit dieser Art von Liebe, gerade weil sie wissen, dass es uns verletzt. Wenn ich jemandem, der Zuneigung, Freundschaft oder Eros erneuern will, sage: «Ich vergebe dir als Christ», so bedeutet das nichts anderes als die Fortsetzung des Streites. Wer das sagt, lügt natürlich. Aber man würde so etwas nicht unaufrichtig sagen, um zu verletzen, wenn es nicht verletzte, falls es wahr wäre.

Wie schwierig es ist, von anderen Liebe immer nur zu empfangen – eine Liebe, die nicht von unserer Attraktivität abhängt –, lässt sich an einem extremen Beispiel ablesen. Stellen Sie sich vor, Sie seien ein Mann, der kurz nach der Heirat von einer unheilbaren Krankheit befallen wird, mit der Sie noch viele Jahre leben müssen; nutzlos, hilflos, abstoßend, ekelerregend; abhängig vom Verdienst Ihrer Frau; Sie machen arm, wo Sie reich zu machen hofften; sogar Ihr Intellekt ist betroffen; Sie werden geschüttelt von unkontrollierbaren Gefühlsausbrüchen, sind voller unvermeidbarer Forderungen. Und nehmen Sie an, die Fürsorge und das Mitgefühl Ihrer Frau sei unerschöpflich. Der Mann, der das mit Sanftmut erträgt, der ohne Groll alles empfängt, ohne etwas geben zu können, der sogar auf jene bemühenden Selbstanklagen verzichtet, die in Wahrheit nur ein Betteln um Zärtlichkeit und Bestätigung sind, der leistet etwas, was bedürftige Liebe in ihrem natürlichen Zustand nicht erreichen kann. (Ohne Zweifel leistet auch eine solche Frau etwas, was weit über die natürliche schenkende Liebe hinausreicht, aber das steht im Augenblick nicht zur Diskussion.) In einem solchen Fall ist Nehmen schwerer und vielleicht seliger als Geben.

Doch dieses extreme Beispiel belegt etwas Allgemeingültiges: Wir alle empfangen Nächstenliebe *(Agape)*. In jedem von uns steckt etwas, was man natürlicherweise nicht lieben kann. Man kann keinem einen Vorwurf machen, der diesen Zug in uns nicht liebt. Nur das Liebenswerte kann man natürlicherweise lieben. Sonst könnten wir ebenso gut von den Leuten verlangen, dass sie verschimmeltes Brot oder den Lärm des Pressluftbohrers mögen. Man kann uns verzeihen, nachsichtig sein, uns trotzdem lieben – aus Nächstenliebe; anders geht es nicht. Alle, die gute Eltern, Ehepartner oder Kinder haben, können sicher sein, dass sie zeitweise – und im Blick auf einen bestimmten Charakterzug oder eine Gewohnheit vielleicht immer – *Agape* empfangen; dass sie geliebt werden, nicht weil sie liebenswert sind, sondern weil in denen, die sie lieben, die Liebe in Person wohnt.

Wenn Gott zum menschlichen Herzen Zugang bekommt, verwandelt er also nicht nur die schenkende, sondern auch die bedürftige Liebe; nicht nur unsere bedürftige Liebe zu ihm, sondern auch die untereinander. Das ist natürlich nicht das Einzige, was geschehen kann. Er kann mit einer – wie es uns scheint – viel furchtbareren Mission kommen und den völligen Verzicht auf eine natürliche Liebe fordern. Eine hohe und schreckliche Berufung, wie die Abrahams, kann einen Menschen zwingen, seinem eigenen Volk und seinem Vaterhaus den Rücken zu kehren. Eros, der sich einem verbotenen Ziel zuwendet, muss vielleicht geopfert werden. In solchen Fällen ist der Prozess zwar schwer zu ertragen, aber leicht zu verstehen. Viel eher übersehen wir die Notwendigkeit einer Umwandlung, wenn die natürliche Liebe weiter bestehen darf.

In diesen Fällen wird die natürliche Liebe nicht durch die göttliche *ersetzt* – als müssten wir unser Silber wegwerfen, um Platz für das Gold zu schaffen. Die natürliche Liebe wird aufgefordert, eine Erscheinungsform der *Agape* zu werden, während sie zugleich natürliche Liebe bleibt.

Und schon entdecken wir eine Art Echo, einen Reim auf die Inkarnation Christi. Das soll uns nicht überraschen, denn beides hat denselben Urheber. Wie Christus vollkommener Gott und vollkommener Mensch ist, so sollen die natürlichen Arten der Liebe vollkommene *Agape* und vollkommene natürliche Liebe sein. Gott wird Mensch «nicht durch Verwandlung der Gottheit in Fleisch, sondern durch das Hinaufgenommenwerden des Menschseins in Gott»; so auch hier: *Agape* schrumpft nicht in bloß natürliche Liebe zusammen, sondern die natürliche Liebe wird zum wohlgestimmten, gehorsamen Instrument der Liebe in Person gemacht.

Wie das geschieht, wissen die meisten Christen. Alle Taten der natürlichen Liebe (nur Sünden ausgenommen) können in einer glücklichen Stunde zu Werken der frohen, unbefangenen und dankbaren bedürftigen Liebe oder der selbstlosen, unaufdringlichen schenkenden Liebe werden, die beide *Agape* sind. Nichts ist für eine solche Umwandlung zu gewöhnlich oder zu triebhaft. Ein Spiel, ein Scherz, ein gemeinsames Glas Wein, ein Plauderstündchen, ein Spaziergang, der Akt der Venus – all das kann eine Weise sein, wie wir verzeihen oder Vergebung annehmen, wie wir trösten oder versöhnt werden, wie wir «nicht das Unsere suchen». So hat sich die Liebe selbst in unseren Trieben, Lüsten und in der Entspannung einen «Leib» bereitet.

Aber ich sagte «in einer glücklichen Stunde». Stunden sind schnell vorbei. Die umfassende Umwandlung einer natürlichen Liebe zu einer Weise der *Agape* ist eine so schwierige Aufgabe, dass sie vielleicht keinem gefallenen Menschen je auch nur annähernd gelungen ist. Und doch muss die Liebe so umgewandelt werden; dieses Gesetz ist unausweichlich (nehme ich an).

Eine Schwierigkeit ist, dass man hier, wie überall, einen falschen Weg einschlagen kann. Eine christliche Gruppe oder Familie, vielleicht etwas zu aufdringlich christlich, die jenen Grundsatz erfasst hat, kann jetzt eine Show daraus machen, eine geschäftige, affektierte, peinliche, unerträgliche Show – in ihrem übertriebenen Benehmen und vor allem in ihren Worten. Solche Leute machen aus jeder Banalität eine wichtige geistliche Angelegenheit – voreinander (vor Gott, auf den Knien, hinter verschlossener Tür wäre es etwas anderes). Immer dieses Gerede von Vergebung; unnötig bitten sie darum, unerträglich bieten sie sie an. Wer hält es nicht lieber mit den gewöhnlichen Leuten, die ohne viel Aufhebens über ihren (und unseren) Koller hinweggehen, bei denen eine Mahlzeit, eine Nacht oder ein Scherz genügt, um alles in Ordnung zu bringen? Die wirkliche Arbeit soll so verborgen wie möglich geschehen – am besten auch vor uns selbst. Unsere Rechte soll nicht wissen, was die Linke tut. Wir haben noch nicht genug begriffen, wenn wir mit den Kindern Karten spielen, «bloß» um ihnen eine Freude zu machen oder um ihnen zu beweisen, dass wir ihnen verziehen haben. Wenn das alles ist, was wir fertigbringen, dann sollen wir es tun. Besser wäre, wenn eine tiefere, weniger bewusste Liebe unser Gemüt in eine Verfassung brächte, in der uns das Spielen mit den Kindern in diesem Augenblick das Liebste ist.

In dieser notwendigen Aufgabe hilft uns gerade die Seite des Lebens, gegen die wir uns am heftigsten auflehnen. An Aufforderungen, unsere natürliche Liebe in *Agape* zu verwandeln, mangelt es uns nie. Sie ergeben sich aus den Reibungen und dem Versagen, die wir in jeder Liebesart erleben: unmissverständliche Beweise, dass (natürliche) Liebe nicht «genügt» – wenn wir nicht blind sind vor Egoismus. Sind wir es, so fassen wir diese Aufforderungen völlig verkehrt auf. «Wenn ich nur etwas mehr Glück gehabt hätte mit meinen Kindern (dieser Junge gleicht seinem Vater jeden Tag mehr), wäre meine Liebe zu ihnen vollkommen.» Aber jedes Kind bringt einen manchmal in Rage. Die meisten Kinder sind hin und wieder ekelhaft. «Wenn mein Mann nur etwas rücksichtsvoller, weniger faul wäre, sich besser beherrschen könnte …» «Wenn meine Frau nur weniger Launen, mehr Vernunft hätte, sich nicht so extravagant geben würde …» «Wenn mein Vater bloß nicht so fürchterlich engstirnig und knauserig wäre!»

Aber in jedem, und natürlich auch in uns, steckt etwas, was Nachsicht, Toleranz und Verzeihen nötig macht. Die Notwendigkeit, diese Tugenden zu üben, setzt uns erst einmal in Bewegung, zwingt uns, unsere natürliche Liebe in *Agape* umzuwandeln – genauer gesagt, von Gott umwandeln zu lassen. Dieses Stoßen und Reiben tut uns gut. Es kann sogar sein, dass die Umwandlung der natürlichen Liebe dort am schwierigsten ist, wo es am wenigsten Zusammenstöße gibt. Wo sie häufig sind, ist es offensichtlich, dass die natürliche Liebe nicht genügt. Über sie hinauszuwachsen, wenn sie voll befriedigt und so wenig beeinträchtigt ist, wie es unter irdischen Bedingungen möglich ist – einzusehen, dass wir weiter wachsen müssen, wenn doch alles schon so gut scheint –, das fordert eine tiefere Einsicht und eine subtilere Umwandlung. Vielleicht ist es auch in diesem Sinn für einen «Reichen» schwer, ins Himmelreich einzugehen.

Und doch, ich glaube, eine Umwandlung ist unbedingt notwendig; jedenfalls, wenn unsere natürliche Liebe ins himmlische Leben eingehen soll. Dass es ihr möglich ist, glauben eigentlich die meisten von uns. Wir dürfen hoffen, dass die Auferstehung des Leibes auch das einschließt, was man unseren «größeren Leib» nennen könnte: das ganze Gewebe unseres irdischen Lebens mit allen Gefühlen und Beziehungen. Aber nur unter einer Bedingung – Gott hat sie nicht willkürlich festgelegt, sondern sie gehört untrennbar zum Wesen des Himmels: Nichts kann in den Himmel eingehen, was nicht himmlisch werden kann. «Fleisch und Blut», bloße Natur, kann das Himmelreich nicht erben. Der Mensch kann nur darum in den Himmel eingehen, weil der gestorbene und in den Himmel aufgefahrene Christus «in ihm» ist.

Müssen wir nicht annehmen, dass das auch für die menschliche Liebe gilt? Nur wenn die Liebe in Person in eine Menschenliebe eingegangen ist, kann diese zur Liebe in Person hinaufgenommen werden. Und nur solche Menschenliebe kann mit Christus auferstehen, die in ihrer Art seinen Tod geteilt hat, indem sich das natürliche Element in ihr – jahrein, jahraus oder in plötzlicher Agonie – einer Umwandlung unterzogen hat. Die Weise dieser Welt vergeht. Schon das Wort «Natur» schließt Vergänglichkeit ein. Natürliche Liebe kann nur soweit auf die Ewigkeit hoffen, als sie sich hier schon in die Ewigkeit der *Agape* hineinnehmen ließ, als sie wenigstens bereit war, diesen Prozess hier auf Erden beginnen zu lassen, ehe die Nacht kommt, da keiner mehr wirken kann. Und dieser Prozess bringt immer eine Art Tod mit sich. Es gibt keinen Ausweg. Das einzige ewige Element in meiner Liebe zu Frau oder Freund ist die umwandelnde Gegenwart der Liebe in Person. Nur durch ihre Gegenwart (wenn überhaupt) können die anderen Elemente zusammen mit unserem physischen Leib darauf hoffen, von den Toten erweckt zu werden. Denn nur sie ist heilig, nur sie ist der Herr.

Theologen haben manchmal die Frage gestellt, ob wir einander im Himmel «wiedererkennen» und ob die Liebesbeziehungen, die hier auf Erden geknüpft wurden, dort immer noch von Bedeutung sein werden. Folgende Antwort scheint einzuleuchten: «Es hängt davon ab, zu welcher Art von Liebe sie sich auf Erden entwickelt hatten oder noch entwickeln wollten.» Denn wenn wir in der ewigen Welt jemanden antreffen würden, den wir hier mit starker, aber nur natürlicher Liebe geliebt haben, wäre das unter jenen Bedingungen wohl kaum interessant. Vielleicht wäre es, wie wenn ich als Erwachsener jemandem begegne, mit dem ich in der Schule eng befreundet war, weil wir ähnliche Interessen hatten. Wenn nichts weiter dabei war, wenn er keine verwandte Seele war, dann ist er mir heute völlig fremd. Wir spielen jetzt nicht mehr mit Murmeln. Du hast kein Bedürfnis mehr, ihm bei seinen Französisch-Aufgaben zu helfen, damit er dir in Mathe hilft.

Ich vermute, dass eine Liebe, in der nie die Liebe in Person gewohnt hat, im Himmel ebenso bedeutungslos wäre. Denn die Natur ist vergangen. Was nicht ewig ist, ist auf ewig veraltet.

Ich wage es nicht, irgendwelche trauernde und verzweifelte Leser im verbreiteten Wunschdenken zu bestätigen, dass eine

Wiedervereinigung mit dem geliebten Toten das Ziel des christlichen Lebens sei. (Meine eigenen Sehnsüchte und Ängste flüstern mir solche Gedanken ein, und gerade darum darf ich ihnen umso weniger nachgeben.) Vielleicht klingt das hart und unwirklich für den, dessen Herz gebrochen ist – aber es muss widersprochen sein.

«Du hast uns zu dir hin geschaffen», sagt der heilige Augustinus, «und unruhig ist unser Herz, bis es ruht in dir.» Es ist nicht schwer, diese Worte einen flüchtigen Augenblick lang zu glauben, wenn man vor dem Altar kniet oder halb betend, halb sinnend durch einen Frühlingswald wandert. – An einem Totenbett klingen sie wie Hohn. Aber viel schlimmer und realer ist der Hohn, der uns trifft, wenn wir diese Wahrheit wegwerfen und uns einzig an die Hoffnung klammern – vielleicht sogar mithilfe von spiritistischen Sitzungen und Totenbeschwörungen –, dass wir eines Tages, und diesmal für immer, mit dem auf Erden geliebten Menschen vereint werden. Es ist schwer, sich der Vorstellung zu entziehen, dass eine solch endlose Verlängerung des irdischen Glücks uns vollständig befriedigen könnte.

Wenn ich aber meiner eigenen Erfahrung trauen darf, so werden wir sofort scharf gewarnt, dass etwas nicht stimmt. Sobald wir versuchen, unseren Glauben ans Jenseits diesem Zweck dienstbar zu machen, verliert er seine Kraft. Jedes Mal in meinem Leben, wenn er wirklich stark war, stand Gott im Zentrum meines Denkens. Ich glaubte an ihn – und daraus ergab es sich, dass ich an den Himmel glaubte. Doch das umgekehrte Vorgehen: zuerst an eine Wiedervereinigung mit dem geliebten Menschen, dann um dieser Wiedervereinigung willen an den Himmel und schließlich um des Himmels willen an Gott glauben – das haut nicht hin. Man kann sich natürlich etwas einbilden. Aber ein selbstkritischer Mensch wird bald in zunehmendem Maß merken, dass ja nur seine eigene Fantasie am Werk ist. Er weiß, dass er nur Hirngespinste webt. Selbst einfachere Gemüter werden spüren, dass die Trugbilder, von denen sie zehren wollen, ohne jede Kraft und jeden Trost sind, und dass sie sich nur mit dem kläglichen Versuch von Selbsthypnose zu einem Schein von Wirklichkeit aufblasen lassen, vielleicht auch mithilfe von unwürdigen Bildern, Liedern und (was schlimmer ist) Hexen.

So lernen wir durch Erfahrung, dass es nichts hilft, den Himmel um irdischen Trost anzugehen. Der Himmel kann himmlischen Trost spenden, keinen anderen. Und auch die Erde hat keinen irdischen Trost zu bieten. Auf die Dauer gibt es keinen irdischen Trost.

Denn der Traum, dass wir unser Ziel, für das wir geschaffen sind, in einem Himmel aus rein menschlicher Liebe finden könnten, kann nicht wahr sein – oder unser ganzer Glaube ist falsch. Wir sind für Gott geschaffen. Nur dank einer gewissen Ähnlichkeit mit ihm, nur als Manifestation seiner Schönheit, Freundlichkeit, Weisheit oder Güte, haben irgendwelche geliebte Menschen auf Erden unsere Liebe geweckt. Wir haben sie nicht zu sehr geliebt, aber wir haben nicht so ganz verstanden, was wir liebten. Wir werden nicht aufgefordert, uns von ihnen, die uns so lieb und vertraut sind, ab- und einem Fremden zuzuwenden. Wenn wir einmal das Angesicht Gottes sehen, werden wir erkennen, dass wir es schon immer gekannt haben. Er ist bei all unseren irdischen Erfahrungen unschuldiger Liebe mit dabei gewesen, er hat sie geschaffen, getragen und mit Leben erfüllt. Alle wahre Liebe ist schon auf Erden viel mehr sein als unser Werk, und unser Werk nur, weil sie seins ist.

Im Himmel gibt es keinen Schmerz mehr und keine Pflicht, sich von einem geliebten Menschen abwenden zu müssen. Erstens, weil wir uns schon abgewandt haben: von den Porträts zum Original, von den Rinnsalen zur Quelle, von den Geschöpfen, die er liebenswert gemacht hat, zur Liebe in Person. Aber zweitens auch, weil wir sie alle in ihm wiederfinden. Wenn wir ihn mehr lieben als sie, werden wir sie mehr lieben als jetzt. Doch all das liegt weit weg im «Lande der Dreieinigkeit», nicht hier im Exil, im «Jammertal». Hier ist alles Verlust und Verzicht. Vielleicht liegt darin der Sinn (soweit es uns betrifft), wenn uns ein Mensch entrissen wird: Wir werden gezwungen, diese Wahrheit zu sehen. Dann werden wir aufgefordert, zu glauben, was wir noch nicht fühlen können – dass Gott unser wahrer Geliebter ist. Darum ist der Verlust eines geliebten Menschen für einen Ungläubigen in mancher Beziehung leichter als für uns: Er kann toben und wüten und dem Universum die Faust machen und (wenn er ein Genie ist) Gedichte schreiben wie Housman[53] oder Hardy[54]. Aber wir, wenn wir am tiefsten Punkt angelangt sind, wenn uns die geringste Anstrengung zu viel ist, müssen beginnen, das scheinbar Unmögliche zu versuchen.

«Ist es leicht, Gott zu lieben?», fragt ein alter Schriftsteller. «Ja», antwortet er, «für die, die es tun.» Ich habe unter dem Begriff *Agape* zwei Gnaden zusammengefasst. Aber Gott hat noch eine dritte zu verschenken: Er kann im Menschen eine übernatürliche wertschätzende Liebe zu ihm wecken. Diese Gabe ist unter allen am meisten zu begehren. Hier, nicht in der natürlichen Liebe, nicht einmal in der Ethik, ist die wahre Mitte allen Lebens, der Menschen und der Engel. Mit ihr wird alles möglich.

Und an dieser Stelle, wo ein besseres Buch beginnen würde, muss ich schließen. Ich wage mich nicht weiter vor. Gott weiß, nicht ich, ob ich diese Liebe je gekostet habe. Vielleicht habe ich mir ihren Geschmack nur eingebildet. Leute wie ich, deren Fantasie ihren Gehorsam weit übertrifft, stehen unter einem gerechten Gericht: Wir stellen uns leicht Verhältnisse vor, die höher sind als alles, was wir tatsächlich erreicht haben. Wenn wir beschreiben, was wir uns einbilden, dann glauben vielleicht andere (und wir selbst), wir seien wirklich dort gewesen. Und wenn ich mir diese Gabe nur eingebildet habe, ist es dann eine weitere Selbsttäuschung, dass sich neben dieser Vorstellung jedes andere Verlangen – sogar das Verlangen nach Frieden, nach Befreiung von allen Ängsten – wie ein zerbrochenes Spielzeug, wie eine welke Blume ausnahm? Vielleicht.

Vielleicht ist es für viele von uns so: Unsere Erfahrungen umreißen sozusagen die Form jener Lücke, wo unsere Liebe zu Gott sein sollte. Das genügt nicht. Aber es ist immerhin etwas. Wenn wir uns nicht in die Gegenwart Gottes versetzen können, ist es immerhin etwas, sich in die Abwesenheit Gottes zu versetzen, in wachsendem Maß wahrzunehmen, dass wir ihn nicht wahrnehmen, bis wir uns vorkommen wie jemand, der neben einem riesigen Wasserfall steht und kein Geräusch hört, wie ein Mann, der in einen Spiegel blickt und kein Gesicht darin sieht, wie wenn wir im Traum mit der Hand nach sichtbaren Gegenständen greifen und nichts spüren. Wer weiß, dass er träumt, schläft nicht mehr ganz. Doch für Nachrichten aus der hellwachen Welt müssen Sie sich an zuständigere Leute wenden.

ANMERKUNGEN

1 *Humpty Dumpty:* Gestalt in Lewis Carrolls (1832–98) Kinderbuch «Through the Looking-Glass» (deutscher Titel: «Alice hinter den Spiegeln»).

2 «Imitatio Christi» von Thomas a Kempis (1379–1471), Buch 11, Meditationen 10, Satz 16.

3 *Denis de Rougemont* (1906–1985), Schweizer Schriftsteller und politischer Philosoph, gründete 1950 das Europäische Kulturzentrum in Genf, das er bis zu seinem Tod leitete.

4 *Robert Browning* (1812–1889), englischer Dichter; bevorzugte den dramatischen Dialog und eine starke Psychologisierung.
Charles Kingsley (1819–1875), englischer anglikanischer Theologe und Schriftsteller sowie Verfasser sozial-kritischer und historischer Romane.
Coventry Patmore (1823–1896), englischer Dichter; bedeutend vor allem die aus vier Gesängen zum Lob der Ehe bestehende Dichtung «The Angel in the House».

5 Vgl. Keats, J.: *Hyperion,* Zweites Buch, online unter: http://www.zeno.org/Literatur/M/Keats,+John/Lyrik/Gedichte+(Auswahl)/Hyperion/Zweites+Buch

6 Shakespeare: Sonett 129 (Stefan Georges Übersetzung).

7 *Sidney:* Sir Philip Sidney (1554–86), die reinste Verkörperung des Gentleman-Ideals der englischen Renaissance, nach seiner tödlichen Verwundung vor Zutphen am 22. September 1586.

8 *William Wordsworth* (1770–1850), englischer Dichter; seine teils naturalistisch, teils christlich orientierte Dichtung trägt pantheistische, z. T. humanistische Züge; bedeutender Oden- und Sonettdichter.

9 *Pantheologie:* bestreitet nicht die Existenz Gottes, wohl aber seine Personhaftigkeit und Transzendenz: «Gott und die lebendige, schöpferische Natur sind eins.»

10 *Samuel T. Coleridge* (1772–1834), englischer Dichter; einer der Hauptvertreter der englischen Romantik; enge Zusammenarbeit mit Wordsworth, besonders an den «Lyrical Ballads».

11 *Rudyard Kipling* (1865–1936), englischer Schriftsteller; erfolgreich durch Darstellung exotischer Motive, Schilderung männlicher Tugenden und als emphatischer Vertreter des Imperialismus (Kolonisation als Kulturtat); Nobelpreis 1907.

12 *Gilbert K. Chesterton* (1874–1936), englischer Schriftsteller; philosophisch gestimmte Romane sowie literar- und sozialkritische Essays.

13 *Amritsar:* 1919 Schauplatz eines blutigen Zwischenfalls im Pandschab, als Militär auf eine aufständische Volksmenge feuerte, der die Flucht abgeschnitten war.

14 *Black-and-Tans:* englische Hilfspolizeitruppe in Irland 1920.

15 G. K. Chesterton: *Ketzer. Eine Verteidigung der Orthodoxie gegen ihre Verächter,* Eichborn Verlag, 1998, S. 44.

16 *Tristram Shandy:* Roman von Laurence Sterne (1713–1768).

17 *Pickwick und Sam Weller:* Gestalten aus «Die Pickwickier», Roman von Charles Dickens (1812–1870).

18 *Dick Swiveller und die Marquise:* Gestalten aus «Der Raritätenladen», Roman von Charles Dickens.

19 *Der Wind in den Weiden:* Kinderbuch von Kenneth Grahame (1859–1932).

20 *Comus:* Böser Zauberer im gleichnamigen Hirten- und Märchen-Maskenspiel von John Milton (1608–1674).

21 Konrad Lorenz (1903–1989), österreichischer Tierpsychologe und Mitbegründer der vergleichenden Verhaltensforschung («Er redete mit dem Vieh, den Vögeln und den Fischen»).

22 *Gorgonen:* drei weibliche Schreckensgestalten aus der griechischen Mythologie, geflügelt und mit Schlangenhaaren, bei deren Anblick der Mensch vor Entsetzen versteinerte.

23 *Der Weg allen Fleisches:* Titel eines Romans von Samuel Butler (1835–1902).

24 *Ovid (Publius Ovidius Naso),* römischer Dichter (43 v. Chr. bis wahrscheinlich 18 n. Chr.).

25 *Jane Austen* (1775–1817), englische Schriftstellerin; berühmt durch ihre Erzähltechnik (erlebte Reden).

26 *Bernard Bosanquet* (1848–1923), englischer Philosoph; Arbeiten zur Ästhetik und zur Staatsphilosophie.

27 *In Memoriam:* eine elegische Klage von Alfred Tennyson (1809–1892), geschrieben im Andenken an dessen früh verstorbenen Freund Arthur H. Hallam (erschienen 1850).

28 *Amis und Amiloun:* mittelenglischer Versroman.

29 *Charles Lamb* (1775–1834), englischer Schriftsteller; bedeutend vor allem als Begründer des künstlerisch wertvollen literaturkritischen Essays im Plauderton.

30 *Herman Melville* (1819–1891), amerikanischer Schriftsteller; bekannt vor allem durch «Moby Dick», die bedeutendste Prosadichtung des amerikanischen Symbolismus.

31 *Ralph Waldo Emerson* (1803–1882), amerikanischer Philosoph und Dichter; Mitbegründer der amerikanischen Literatur; Quintessenz seines Werkes: der Glaube an die Wirkungskraft des Geistes; Führer der amerikanischen Transzendentalisten.

32 *Royal Society:* Die älteste englische Akademie der Wissenschaften, erwuchs 1660 aus einer 1645 gegründeten Philosophischen Gesellschaft «zur Förderung der Naturwissenschaften auf experimenteller Grundlage».

33 *Jean Froissart* (1333–1410), französischer Geschichtsschreiber und Dichter.

34 *John Bunyan* (1628–1688), englischer Schriftsteller; sein Werk «Die Pilgerreise» schildert als Alle-

gorie den Weg der menschlichen Seele zum Heil.

35 Aus: Bunyan, John, *Die Pilgerreise nach dem Berge Zion. Aus dem Englischen des John Bunyan,* Band 2, Verlag des Tractathauses, H. Nuelsen, 1860, S. 289.

36 *William Dunbar* (1460–1520), schottischer Dichter; Meister der allegorischen Satire.

37 Aus: Schipper, Jakob, *William Dunbar: sein Leben und seine Gedichte in Analysen und ausgewählten Übersetzungen nebst einem Abriß der altschottischen Poesie. Ein Beitrag zur schottisch-englischen Literatur- und Culturgeschichte,* Berlin: Robert Oppenheim 1884, S. 302.

38 *Lukrez* (Titus Lucretius Carus), römischer Dichter und Philosoph (ca. 98–55 v. Chr.).

39 *John Milton* (1608–1674), englischer Dichter; Hauptwerk ist das zwölf Gesänge umfassende, puritanischen Ideen verpflichtete Epos «Das verlorene Paradies».

40 *Charles Williams* (1886–1945), englischer Schriftsteller; von metaphysischen Dichtern beeinflusster Dramatiker; gestaltete religiöse Stoffe mit symbolhaften Zügen.

41 *Richard Freiherr von Krafft-Ebing* (1840–1902), deutscher Psychiater; bedeutende Forschungen auf dem Gebiet der Sexualpathologie.

42 *Henry Havelock Ellis* (1859–1939), englischer Schriftsteller, Lehrer und Arzt; bedeutende Arbeiten über Sexualpsychologie und -pathologie.

43 *Sir Thomas Browne* (1605–1682), englischer Arzt und Philosoph.

44 *Catch-as-catch-can:* von Berufsringern ausgeübte Art des Freistilringens, bei der fast alle Griffe erlaubt sind.

45 *Probstein und Kätchen:* komisches Paar in Shakespeares «Wie es euch gefällt».

46 Aus: Shakespeare, William, *Antonius und Kleopatra,* gemeinfrei, online unter: http://www.zeno.org/Lesesaal/N/9781482722611?page=122.

47 *Benjamin Constant* (1845–1902), französischer Maler; Porträts und dekorative Malereien.

48 *François Mauriac* (1885–1970), bedeutender französischer Romancier; Nobelpreis 1952.

49 *Oliver Elton* (1861–1945), englischer Literaturhistoriker.

50 *Thomas Carlyle* (1795–1881), schottischer Essayist, Historiker und Philosoph.

51 *John Stuart Mill* (1806–1873), englischer Philosoph.

52 *Anodos* ist der Protagonist des Fantasieromans «Phantastes» aus der Feder des schottischen Schriftstellers George MacDonald.

53 *Alfred Edward Housman* (1859–1936), englischer Dichter; quantitativ geringes, jedoch qualitativ hervorragendes lyrisches Werk.

54 *Thomas Hardy* (1840–1928), englischer Schriftsteller; schrieb Romane, dann zunehmend Naturlyrik, pessimistische Schicksalsromane; häufig das naturalistische Motiv der Gebundenheit an Erbanlagen.